哲学问题

The Problems of Philosophy

[英] 伯特兰·罗素 —— 著

张卜天 —— 译

天津出版传媒集团

天津人民出版社

果麦文化 出品

目　录

i

作者前言

　　在本书中，我主要只限于谈论我认为可以发表一些肯定的建设性意见的哲学问题，因为纯粹否定性的批评似乎是不适当的。因此，知识论在本书中所占篇幅要比形而上学更大，而哲学家们已经讨论过的一些主题，如果处理，会处理得非常简短。

　　我从摩尔和凯恩斯未出版的作品中得到了宝贵的帮助：前者是在感觉材料与物理对象的关系方面，后者则是在概率和归纳方面。吉尔伯特·默里教授的批评和建议也使我获益匪浅。

1912 年

第一章

现象与实在

世界上有没有什么知识是非常确定的，以至于任何有理性的人都不会加以怀疑呢？初看起来，这个问题似乎并不困难，但实际上，它是我们所能提出的最难回答的问题之一。当我们意识到给出一个直截了当的有把握的回答面临着重重障碍时，我们就已经开始了哲学研究。因为哲学就是在试图回答这样一些终极问题，它不像我们在日常生活中甚至在科学中那样粗率地、武断地回答问题，而先要探究这些问题的所有令人费解之处，意识到我们日常观念背后的种种模糊和混乱，然后批判性地回答这些问题。

在日常生活中，我们以为许多事物都是确定的，但仔细检查就会发现，它们充满了明显的矛盾，以至于唯有深思才能使我们知道什么才是真正可以相信的。在寻求确定性时，自然要从我们现有的经验出发，而且在某种意义上，知识无疑正是由此派生而来的。但我们的直接经验使我们知道关于任何东西的任何陈述都很有可能是错误的。我看上去正坐在一把椅子上，面前是一张特定形状的桌子，我看到桌上有一些纸，上面写着或印着字。我转过头去，看到了窗外的建筑、云朵和太阳。我相信太阳距离地球大约9300万英里；太阳是一个比地球大很多倍的炽热球体；由于地球自转，太阳每天早上都会升起，而且在未来不确定的时间里还会继续如此。我相信，如果有个正常人走进我的房间，他会和我一样看到这些椅子、桌子、书籍和纸张；我看到的桌子和我胳膊按着的桌子是一样的。所有这一切似乎都很明显，几乎不值一提，除非是为了回答某个怀疑我一无所知的人。然而所有这一切都可以合理地被怀疑，在我们能够确信已经完全真实地陈述了它们之前，都需要加以认真讨论。

为了清楚地表明我们的困难，让我们把注意力集中到这张桌子上。它看起来是长方形的、棕色的、有光泽的，摸起来是光滑的、冰凉的、坚硬的；我敲它时，它会发出一种木器的声音。任何看到、摸到这张桌子和听到它声音的人都会同意这种描述，因此似乎不会出现什么困难；然而一旦我们试图表达得更精确一些，麻烦就来了。虽然我相信这种桌子是"真实地"通体一色，但反光的部分看起来要比其他部分明亮许多，而且由于反光的缘故，有些部分看起来是白色的。我还知道，如果我移动位置，反光的部分会有所不同，桌子表面的颜色分布也会发生变化。因此，如果有几个人同时看这张桌子，那么任何两个人都不会看到完全相同的颜色分布，因为任何两个人都不能从完全相同的角度去看它，而任何角度上的改变都会造成光的反射方式的变化。

对于大多数实际目的而言，这些差异并不重要，但对画家来说，它们却非常重要：画家必须摒弃那种习惯，认为事物似乎具有常识认为其"实际"具有的颜色，并学会习惯于按照事物显现出来的样子来看待事物。这里，我们已经开始遇到一个在哲学上引起大多数麻烦的区分——"现象"与"实在"的区分，即事物看起来是什么与事物实际上是什么的区分。画家想知道事物看起来是什么，实践者和哲学家则想知道事物实际上是什么；但哲学家求知的愿望比实践者更强烈，而且也更觉苦恼，因为他们知道回答这个问题的困难所在。

让我们回到桌子的问题。从我们的发现可以明显看出，没有哪种颜色格外地显现为桌子（甚至是桌子的任何一个特定部分）的这种颜色——从不同的角度来看，桌子显现为不同的颜色，没有理由认为其中一些颜色比另一些颜色更是桌子本来的颜色。我们也知道，即使从一个特定的角度来看，在人造光的影响下，或者由于看的人是色盲或戴蓝色眼镜，颜色看起来也会有所不同，而在黑暗中则根本没有颜色，尽管桌子摸起来和敲起来并没有变化。这种颜色并不是桌子所固有的，而是依赖于桌子、观察者，以及光线照射到桌子上的方式。我们在日常生活中谈到桌子的颜色时，只不过是指在通常的光线条件下，正常观察者从一个普通的角度看到的桌子的那种颜色。但在其他条件下显现的其他颜色同样有权被认为是真实的。因此，为了避免偏袒，我们不得不否认桌子本身具有任何一种特殊的颜色。

同样的道理也适用于桌子的质地。我们用肉眼可以看到木材的纹理，但以其他方式看，桌子是光滑且平整的。如果用显微镜观察桌子，我们会看到凹凸不平、丘陵深谷，以及肉眼看不到的各种差异。哪一个是"实在的"桌子呢？我们自然倾向于说，我们通过显微镜看到的东西是更实在的，但若用更强大的显微镜去看，情况又会发生改变。那么既然不能信任我们用肉眼看到的东西，又为什么要信任我们经由显微镜看到的东西呢？就这样，我们再次失去了对我们由以开始的感官的信心。

　　桌子的形状也并没有更好。我们都习惯于就事物的"真实"形状进行判断，而且我们这样做的时候是如此不假思索，以至于会自认为实际看到了真实的形状。但事实上，正如我们必须了解的那样，如果我们尝试画画，一个特定的事物从不同的角度看，其形状是不同的。如果我们的桌子"真实地"是长方形的，那么几乎从所有角度看，它都好像有两个锐角和两个钝角。如果对边是平行的，则它们看起来仿佛会聚到远离观察者的一点上；如果对边是等长的，则离观察者较近的一边看起来更长。我们看桌子时通常不会注意到这些，因为经验已经教会了我们从表面的形状来构造"真实的"形状，而"真实的"形状才是我们作为实践者所感兴趣的东西。但"真实的"形状并非我们看到的东西，而是从我们看到的东西中推断出来的。在房间里走动时，我们所看到的东西在不断改变形状，因此在这里，感官似乎同样没有告诉我们关于桌子本身的真相，而只是提供了关于桌子的现象。

我们考虑触觉时也会碰到类似的困难。诚然，桌子总是给我们一种坚硬感，我们觉得它能承受住压力。但我们获得的感觉取决于我们用多大的力按压桌子，也取决于我们用身体的哪个部位去按压。因此我们不能认为，因不同的压力或身体的不同部位而产生的不同感觉，直接揭示了桌子的某种明确的属性，它们最多只是某种属性的标志而已，这种属性也许造成了所有感觉，但并未实际出现在任何感觉之中。显然，同样的情况也适用于敲桌子发出的声音。

因此，实在的桌子如果存在的话，显然不同于我们凭借视觉、触觉或听觉所直接经验到的东西。实在的桌子即使存在，我们也根本无法直接知道，而必定是从我们直接知道的东西中推断出来的。这样便立即出现了两个难题：①到底有没有一张实在的桌子？②如果有，它可能是什么样的对象？

有几个意义明确且清晰的简单术语，可以帮助我们思考这些问题。让我们把在感觉中直接知道的东西称为"感觉材料"，比如颜色、声音、气味、硬度、平滑度等，并把直接觉察到这些东西的经验称为"感觉"。因此，每当我们看到一种颜色，我们就有了关于这种颜色的感觉，但颜色本身是感觉材料，而不是感觉。颜色是我们直接觉察到的东西，而觉察本身则是感觉。显然，要想认识桌子，就必须借助于我们与桌子联系在一起的棕色、长方形、光滑等感觉材料；但由于已经给出的理由，我们不能说桌子就是那些感觉材料，甚至也不能说，那些感觉材料直接就是桌子的属性。因此，如果存在实在的桌子的话，就会出现一个问题，即感觉材料与实在的桌子的关系是什么。

这张实在的桌子如果存在，我们将把它称为一个"物理对象"。于是，我们必须思考感觉材料与物理对象的关系。所有物理对象的集合被称为"物质"。因此，我们的两个问题可以重新表述如下：①是否存在物质这种东西？②如果存在，它的本性是什么？

哲学家贝克莱主教（1685—1753）第一次明确解释了为什么我们感官的直接对象并不独立于我们而存在。他的《海拉斯和菲罗诺斯关于反对怀疑论者和无神论者的对话三篇》旨在证明，根本不存在物质这种东西，世界只由心灵及其观念所构成。海拉斯向来相信物质，但他不是菲罗诺斯的对手，菲罗诺斯毫不留情地使他陷入了矛盾和悖论，最终让人觉得海拉斯对物质的否认就如常识一般。贝克莱使用的论证有着非常不同的价值：有些论证重要且合理，另一些则混乱或模糊不清。但贝克莱的功绩在于表明，否认物质的存在并不荒谬，如果有任何事物独立于我们而存在，那它们就不可能是我们感觉的直接对象。

当我们问物质是否存在时，涉及两个不同的问题，把它们弄清楚是很重要的。我们通常用"物质"来意指某种与"心灵"相对立的东西，我们认为它占据着空间，根本不可能有任何思想或意识。主要是在这个意义上，贝克莱否认物质；也就是说，他并不否认我们通常认作桌子存在标志的感觉材料实际上是独立于我们的某种东西的存在标志，但他的确否认这种东西是非心灵的，也就是否认它可以既不是心灵，也不是某个心灵所持有的观念。他承认，当我们走出房间或闭上眼睛时，一定有某种东西继续存在；我们所谓的看见桌子，的确使我们有理由相信，即使我们没有看到某种东西，它也会继续存在。但他认为，这种东西在本性上不可能与我们所看见的东西截然不同，也不能完全独立于看见，尽管它必定独立于我们的看见。因此他不得不认为，"实在的"桌子乃是上帝心灵中的一个观念。这样一个观念具有必需的永恒性和相对于我们的独立性，同时又不（像物质那样）是某种完全不可知的东西，因为我们只能推断它，而永远不能直接和立即觉察到它。

自贝克莱以来的其他哲学家也认为，虽然桌子的存在并不依赖于被我看见，但它的确依赖于被某个心灵——并不一定是上帝的心灵，而更时常是宇宙中所有心灵的整体——看见（或以其他方式被感觉到）。他们之所以像贝克莱一样坚持这种观点，主要是因为他们认为，除了心灵及其思想和感受，不可能有任何实在的东

11

西，或者至少不可能有任何被认识到是实在的东西。我们可以这样来陈述他们支持自己观点的论证："凡是能被思想的东西都是思想者心灵中的一个观念；因此，除了心灵中的观念，没有什么东西能被思想；因此，任何其他东西都是不可思想的，而不可思想的东西是不能存在的。"

在我看来，这个论证是谬误的；当然，提出它的人不会说得那么简短或粗糙。但无论是否有效，这一论证都以某种形式被广泛地提了出来；许多哲学家（也许是大多数哲学家）都认为，除了心灵及其观念，没有什么东西是实在的。这些哲学家被称为"观念论者"。他们在解释物质时，要么像贝克莱一样声称，物质实际上只是观念的集合；要么像莱布尼茨（1646—1716）一样声称，作为物质而出现的东西实际上只是原始心灵的集合。

然而这些哲学家虽然否认与心灵相对立的物质，但在另一个意义上又承认物质。我们还记得曾问过两个问题：①到底有没有一张实在的桌子？②如果有，它可能是什么样的对象？贝克莱和莱布尼茨都承认有一张实在的桌子，但贝克莱说它是上帝心灵中的某些观念，而莱布尼茨则说它是一堆灵魂。于是，他们两人都对我们的第一个问题做出了肯定的回答，只是在回答第二个问题时才与普通人的观点产生了分歧。事实上，几乎所有的哲学家似乎都承认有一张实在的桌子：他们几乎都同意，无论我们的感觉材料——颜色、形状、平滑度等——如何依赖于我们，它们的出现都是某种独立于我们而存在的东西的标志，这种东西也许完全不同于我们的感觉材料，但在我们与实在的桌子处于适当的关系时，这种东西被认为引起了这些感觉材料。

哲学家们一致同意的这种观点——认为有一张实在的桌子，不论它的本性是什么——显然至关重要。在继续讨论实在的桌子的本性这个问题之前，我们理应考虑接受这种观点的理由是什么。因此，我们下一章将讨论认为有一张实在的桌子的理由。

在继续讨论之前，不妨考虑一下我们到目前为止发现了什么。如果任取一个理应为感官所知的普通对象，感官直接告诉我们的似乎并不是关于这个与我们相分离的对象的真理，而仅仅是关于某些感觉材料的真理；而且就我们所看到的而言，这些感觉材料依赖于我们与对象之间的关系。因此，我们直接看见和感受到的只是"现象"罢了，我们认为它是背后某种"实在"的标志。但如果实在并非显现出来的东西，我们有没有办法知道实在是否存在呢？如果有，我们能否查明它是什么样子呢？

这样的问题实在令人困惑，而且即使是最奇特的假说，我们也难以知晓它可能不是真的。因此，我们所熟悉的桌子虽然迄今只激起了我们最轻微的想法，现在却成了一个充满惊人可能性的问题。我们只知道它并不是看起来的那个样子。超出这个温和的结论，我们完全可以任意猜测。莱布尼茨告诉我们，它是一堆灵魂；贝克莱告诉我们，它是上帝心灵中的一个观念；审慎的科学也令人惊讶地告诉我们，它是一大堆剧烈运动的电荷。

在这些惊人的可能性当中，怀疑暗示我们，也许根本就没有桌子。哲学即使不能像我们希望的那样回答那么多问题，至少也有权问一些让人对世界更感兴趣的问题，并且揭示出隐藏在最普通的日常事物表面之下的奇异和奥妙。

第二章

物质的存在

在本章，我们必须自问，是否在某种意义上存在着物质这种东西，具体来说是否有一张桌子具有某种内在的本性，当我不看它的时候还能继续存在，抑或这张桌子仅仅是我想象的产物，存在于一场持续很久的梦中？这个问题至关重要，因为倘若不能确定对象的独立存在，我们就不能确定他人身体的独立存在，因此就更不能确定他人心灵的独立存在，因为除了通过观察他们的身体而得到的那些理由，我们没有别的理由相信他们的心灵。因此，倘若我们不能确定对象的独立存在，我们将被孤独地留在沙漠中——也许整个外部世界不过是一场梦，只有我们才是存在的。这是一种令人不安的可能性。然而尽管不能严格地证明它是假的，但也没有任何理由可以认定它是真的。在本章，我们就来看看为什么会这样。

在开始讨论可疑的问题之前，让我们设法找到一个较为固定的出发点。虽然我们正在怀疑这张桌子的物理存在，但我们并不怀疑让我们认为存在着一张桌子的感觉材料的存在；我们并不怀疑，当我们观看时，有某种颜色和形状向我们显现，当我们按压时，我们经验到某种硬度的感觉。所有这些心理上的东西，我们并不怀疑。事实上，或许任何其他东西都可以被怀疑，但至少我们的一些直接经验似乎是绝对确定的。

现代哲学的奠基人笛卡尔（1596—1650）发明了一种方法，即至今仍然有用的系统怀疑法。他决定，凡是他不能看得非常清晰分明的东西，他都不相信是真的。他会怀疑他能够怀疑的任何东西，直到发现没有理由去怀疑为止。通过运用这种方法，他逐渐确信，他唯一能够完全确定的存在就是他自己的存在。他想象有一个骗人的恶魔在一种永恒的幻景中把不真实的东西呈现在他的感官面前；这种恶魔的存在也许极不可能，但仍然是可能的，因此对感官感知到的事物加以怀疑是可能的。

但怀疑他自己的存在却是不可能的，因为如果他不存在，就没有恶魔能够欺骗他。如果他怀疑，他就必须存在；如果他有任何经验，他就必须存在。因此对他来说，他自己的存在是绝对确定的。他说，"我思故我在（Cogito, ergo sum）"；基于这种确定性，他着手重建被其怀疑所摧毁的知识世界。通过发明怀疑的方法，以及表明主观事物是最确定的，笛卡尔为哲学做出了巨大贡献，使他至今对所有研究哲学的人来说仍是有用的。

但在使用笛卡尔的论证时必须留意。"我思故我在"并未表达出严格确定的东西。我们似乎非常确定自己今天和昨天是同一个人，这在某种意义上无疑是真的。但实在的自我就像实在的桌子一样难以企及，而且似乎并不具有属于特殊经验的那种绝对而又令人信服的确定性。当我看我的桌子并且看到某种棕色时，可以立刻确定的并不是"我看到了一块儿棕色"，而是"一块儿棕色被看到了"。这当然涉及看到棕色的东西（或人），但它本身并不涉及被我们称为"我"的那个或多或少永久存在的人。就直接的确定性而言，看到这块儿棕色的某种东西也许是非常短暂的，它与下一刻具有不同经验的那个东西并不相同。

因此，具有原始确定性的乃是我们特殊的思想和感觉。这既适用于正常的知觉，也适用于梦和幻觉：我们做梦或看见鬼魂时，肯定具有我们自认为具有的感觉，但由于种种原因，我们认为没有物理对象与这些感觉相对应。因此，不必因为担心例外情况的出现而限制我们关于自身经验的知识的确定性。于是无论如何，我们这里已经有了一个坚实的基础，可以由此开始追求知识。

我们必须考虑的问题是：即使我们确信自己的感觉材料，我们是否有理由把它们看成可以称之为物理对象的其他某种事物存在的标志呢？当我们列举了我们自然认为与桌子有关的所有感觉材料时，我们是否已经说尽了关于桌子的一切，抑或还有别的什么东西——不是感觉材料，而是我们走出房间后仍然会存在的东西？常识会毫不犹豫地回答说：有这样的东西。那个可以买卖、可以推来推去、可以在上面铺一块布等等的东西，不可能只是感觉材料的集合而已。如果桌子完全被布盖起来，我们将无法从桌子那里获得任何感觉材料，因此如果桌子真的只是感觉材料，那么它将不复存在，而这块布将奇迹般地悬浮在桌子原来所在的地方。这似乎显然是荒谬的；但若想成为哲学家，就必须学会不被荒谬所吓倒。

我们之所以觉得除了感觉材料之外还必须有一个物理对象，一个重要原因是，我们希望不同的人有同一个对象。十个人围坐在餐桌旁，如果认为他们看到的不是同样的桌布，不是同样的刀、叉、匙和杯子，那似乎是荒谬可笑的。但感觉材料是每个人所私有的，直接呈现在一个人眼前的事物并不直接呈现在另一个人眼前：大家看待事物的角度略有不同，对事物的看法也就略有不同。因此，如果有一些公共的中立对象可以在某种意义上被许多不同的人所认识，那么就必定有某种东西超越于对不同人显示的私有的、特殊的感觉材料。那么我们有什么理由相信存在这样的公共中立对象呢？

我们自然想到的第一个答案是，虽然不同的人对桌子的看法可能略有不同，但在看桌子的时候，他们看到的仍然是多多少少类似的东西，他们看到的东西的变化服从光的透视和反射定律，所以很容易得出结论说，所有不同人的感觉材料背后有一个永恒的对象。我从以前的房客那里买了一张桌子，我买不到他的感觉材料，他离开时那些感觉材料就消失了，但我能够而且的确买到了对或多或少类似的感觉材料的确信期待。因此，正因为不同人有着类似的感觉材料，而且同一个人在特定的地方于不同时间也有类似的感觉材料，我们才会认定，超越于感觉材料之外有一个永恒的公共对象，它引起了不同人在不同时间的感觉材料，或者构成了感觉材料的基础。

既然上述考虑依赖于假定除我们之外还有别人，所以它们都回避了问题的实质。别人也是通过某些感觉材料向我呈现的，比如他们的样子或声音，因此假如我没有理由相信存在着独立于我的感觉材料的物理对象，我便没有理由相信别人的存在，除非别人是我的梦的一部分。因此，当我们试图表明必定有对象独立于我们自己的感觉材料而存在时，我们无法诉诸别人的证词，因为这些证词本身也是由感觉材料构成的，并不能揭示别人的经验，除非我们自己的感觉材料是独立于我们而存在的东西的标志。因此，如果可能，我们必须从自己的纯粹私人经验中发现一些特征，以表明或倾向于表明，世界上除了我们自己和我们的私人经验之外，还有其他事物存在。

在某种意义上必须承认，除了我们自己和我们的经验，我们永远无法证明其他事物的存在。假设世界由我自己、我的思想、感情和感觉所构成，其他一切都只是我的幻想，那么从逻辑上讲，这并不会导致荒谬。在梦中，我们似乎看到了一个非常复杂的世界，而当我们醒来时，却发现这是一种错觉；也就是说，我们发现，梦中的感觉材料与我们从感觉材料中自然推断出来的物理对象似乎并不对应（诚然，假设有物理世界存在时，我们有可能找到梦中感觉材料的物理原因：例如，一声门响可能会让我们梦到一场海战。但在这种情况下，虽然感觉材料有一个物理原因，但并没有一个物理对象会像在实际的海战中那样与感觉材料相对应）。认为整个生命是一场梦，在这场梦中，我们自己创造了所有呈现在我们眼前的事物，这在逻辑上并非不可能。但也没有理由认为它是真的。事实上，若被看成一种解释我们生活事实的手段，则这个假设并不比常识的假设来得简单，后者认为，确实存在着独立于我们的对象，它们对我们的作用引起了我们的感觉。

很容易理解，如果假设确实存在着物理对象，一切就简单了。如果有只猫一会儿出现在房间的一个地方，一会儿又出现在房间的另一个地方，那么我们自然会认为，它从一个地方经由一系列中间位置移到了另一个地方。但如果它仅仅是一组感觉材料，那么它就不可能存在于我没有看到它的任何地方；于是我们不得不假设，我不看它时，它根本就不存在，而是突然出现在一个新的地方。如果不论我看它与否，猫都存在，那么根据我们自己的经验，我们就能理解它是如何在两餐之间逐渐感到饿的；但如果我不看它，它就不存在，那么我们似乎就无法理解其食欲在它不存在时会像它存在时同样快地增长。如果猫仅仅由感觉材料所构成，则它就不会感到饿，因为只有我自己的饿才能成为我的感觉材料。于是，把猫呈现给我的那些感觉材料的行为，虽然被视为

22

饿的表达时似乎很自然，但若仅仅被视为色块的运动和变化，就变得完全无法解释了，因为色块不会感到饿，就像三角形不会踢球一样。

然而与人的情况相比，猫这个例子的困难简直不值一提。人在说话时——也就是说，我们听到某些声音，将它们与观念联系在一起，同时看到嘴唇的某些动作和面部表情——很难设想我们听到的不是对某个想法的表达，因为我们知道，如果我们也发出同样的声音，情况就是如此。当然，梦中也会发生类似的事情，我们会误认为有其他人存在。但梦或多或少受到了我们所谓醒时生活的暗示，如果假设真有一个物理世界存在，那么梦或多或少可以用科学原理来解释。因此，任何简单性原理都促使我们采用这样一种自然观点，即除了我们自己和我们的感觉材料之外，确实还有对象不依赖于我们的感知而存在。

当然，我们最初并不是通过论证才相信有一个独立的外部世界的。一旦我们开始反思，就会发现自己已经秉持这样的信念了：可以称它为一种本能的信念。要不是因为至少就视觉而言，人们似乎本能地认为感觉材料本身是独立的对象，而论证又表明这个对象不可能与感觉材料相同，我们就永远不会对这种信念产生怀疑。然而这一发现——它在味觉、嗅觉和听觉的情况下毫无悖谬，只是在触觉的情况下稍有悖谬——并没有削弱我们的本能信念，即存在着与我们的感觉材料相对应的对象。由于这种信念不会导致任何困难，反倒会使我们对自己经验的解释变得更加简单和系统，所以似乎没有恰当的理由拒绝它。因此，我们可以承认——尽管梦使我们对此稍有怀疑——外部世界确实存在着，它的存在并不完全依赖于我们对它的持续感知。

引导我们得出这一结论的论证无疑没有我们希望的那么有力，但这是许多哲学论证的典型情况，因此有必要简要考虑一下它的一般特性和有效性。我们发现，所有知识都必须建立在我们的本能信念之上，如果拒绝接受这些信念，那就不会有知识了。但在我们的本能信念中，有些信念要比其他信念有力得多，而许多信念通过习惯和联想与其他信念纠缠在一起，后者其实并不是本能信念，而是被误认为是本能信念的一部分。

哲学应该向我们显示我们本能信念的层次，从我们那些最坚定的信念开始，将每一个信念尽可能孤立地呈现出来，尽量不添加无关的内容。应当指出，以最终形式表达的我们的本能信念并不冲突，而是形成了一个和谐的系统。我们没有任何理由拒斥一种本能信念，除非它与其他本能信念相冲突。因此，如果发现它们彼此和谐，整个系统就值得接受。

当然，我们的全部信念或某一信念可能是错误的，因此对所有信念都应该至少抱有些许怀疑。但除非是基于另外某种信念，否则我们没有理由拒斥一种信念。因此，通过组织我们的本能信念及其推论，思考其中哪些（如果有必要的话）最有可能被修改或放弃，并把我们本能相信的东西当作我们唯一的材料来接受，在此基础上，我们便可以有条理和系统地组织我们的知识。虽然其中仍有错误的可能性，但这种可能性已经因为各个部分之间的相互关联，以及在默认之前所做的批判性检查而有所减小。

至少，哲学可以履行这个功能。大多数哲学家，不论是对是错，都相信哲学所能做的远远不止这些——哲学能为我们提供关于整个宇宙和终极实在本性的知识，这种知识是通过其他方式无法获得的。无论情况是否如此，我们所谈到的这个更为谦逊的功能必定可以由哲学来履行，而对于那些已经开始怀疑常识的恰当性的人来说，这种功能肯定也足以证明哲学问题所涉及的那些艰苦费力的工作是正当的。

第三章

物质的本性

在上一章我们一致认为，虽然找不到可以用来证明的理由，但有理由相信，我们的感觉材料——比如我们认为与我的桌子相联系的那些感觉材料——确实是独立于我们和我们的知觉的某种事物存在的标志。也就是说，对颜色、硬度、声音等的知觉构成了桌子对我的显现，而在这些知觉之外，我认为还存在着某种东西，这便是它的显现。如果我闭上眼睛，颜色就不复存在；如果我把胳膊从桌子上拿开，硬度的感觉就不复存在；如果我不再用指节敲桌子，声音也不复存在。但我不相信当所有这一切不存在时，桌子也就消失了。恰恰相反，我相信正是因为这张桌子一直存在，当我睁开眼睛、放回胳膊、再次开始用指节敲桌子时，所有这些感觉材料才会重新出现。我们在本章所要考虑的问题是：独立于我对它的知觉而存在的这张实在的桌子，其本性是什么？

对于这个问题，物理科学给出了一个答案。这个答案虽然不太完整，且仍然带有几分假设性，但就其本身而言却值得重视。物理科学不知不觉地陷入了一种观点，即一切自然现象都应归结为运动。光、热、声都是由波动引起的，波动从发射光、热、声的物体传播到看见光、感觉到热或听到声音的人。具有这种波动的东西不是"以太"就是"粗大物质"，但在任何情况下都是哲学家所称的物质。科学为它指定的属性只有空间中的位置，以及能够按照运动定律来运动。科学并不否认它可能有其他属性，但如果是这样，这些其他属性对科学家来说就没有什么用处，无助于他解释现象。

人们有时说，"光是波动的一种形式"，但这会引起误解，因为我们直接看到、经由感官直接知道的光并不是一种波动，而是某种完全不同的东西——只要我们眼睛不瞎就都会知道的东西，尽管我们无法把关于光的知

28

识描述给盲人。而波动却不然，我们可以很好地把它描述给盲人，因为他能通过触觉获得关于空间的知识；在海上航行时，盲人几乎能和我们一样好地经验波动。但盲人所能理解的这种东西并不是我们所说的光：我们所说的光恰恰是盲人永远不能理解、我们也永远无法向他描述的东西。

现在，根据科学的说法，凡是有视力的人都知道的这种东西实际上并不存在于外部世界，而是某些波作用于看到光的人的眼睛、神经和大脑所引起的。我们说光是波，其实是指，波是引起我们对光的感觉的物理原因。但是有视力的人能经验到而盲人经验不到的光本身，科学并不认为它构成了独立于我们和我们的感官而存在的世界的任何一部分。类似的说法也适用于其他感觉。

在物质的科学世界里，不仅颜色和声音等不存在，我们通过视觉或触觉而得到的空间也不存在。科学所谓的物质应当在一个空间中，这对科学来说是至关重要的，但物质所在的这个空间不能完全是我们看到或感觉到的那个空间。我们看到的空间和我们通过触觉而得到的空间并不相同；只有通过小时候的经验，我们才学会了如何触摸我们所看到的东西，或者如何去看我们觉得与自己接触的东西。但科学的空间是中性的，介于触觉和视觉之间。因此，它既不能是触觉的空间，也不能是视觉的空间。

同样，由于观看的角度不同，不同人会认为同一个物体具有不同的形状。例如，一枚圆形的硬币，虽然我们应当总是断定它是圆形的，但除非我们正对着它，否则它看起来将是椭圆形的。我们断定它是圆形的时候，乃是在断定它有一个真实的形状，这个形状并不是它看起来的形状，而是内在地属于它，与其显现有本质区别。但这个与科学有关的真实形状必定在一个真实的空间里，该空间不同于任何人表面所见的空间。真实的空间是公共的，而表面所见的空间则是感知者私有的。在不同人的私有空间里，同一个物体看起来有不同的形状，所以物体在其中具有真实形状的真实空间必定不同于私有空间。因此，科学的空间虽然与我们看到和感觉到的空间有关联，但与之并不相同，其关联方式还需要考察。

我们暂且同意，虽然物理对象与我们的感觉材料并不完全相像，但可以认为它们引起了我们的感觉。这些物理对象在科学的空间中，我们可以称之为"物理"空间。需要注意的是，如果我们的感觉是由物理对象引起的，那么必定有一个物理空间包含着这些对象，以及我们的感觉器官、神经和大脑。我们接触一个对象时，也就是说，当我们身体的某个部位占据了物理空间中的一个位置，这个位置非常接近该对象所占据的空间时，我们就会有触觉。在物理空间中，（大致说来）当一个对象与我们的眼睛之间没有任何不透明的物体时，我们就能看到这个对象。同样，只有当我们离一个对象足够近，或者当它接触到舌头，或者当它在物理空间中相对于我们的身体有一个合适的位置时，我们才能听到、闻到或尝到这个对象。除非认为某个对象和我们的身体都在同一个物理空间中，否则便无从陈述我们在不同情况下会从这个对象那里得到哪些不同的感觉，因为主要是这个对象与我们身体的相对位置决定了我们会从该对象中得到哪些感觉。

现在，我们的感觉材料在我们的私有空间里，要么是视觉空间，要么是触觉空间，要么是其他感官可能提供的更模糊的空间。如果像科学和常识所认为的那样，存在着一个包含所有物理对象的公共的物理空间，那么物理对象在物理空间中的相对位置，就必然或多或少对应于感觉材料在我们私有空间中的相对位置。假定这就是实际情况并无困难。如果我们在路上看到一幢房子比另一幢离我们更近，则我们的其他感官也会证明它离我们更近；比如说，我们沿着这条路走，会先到达这幢房子。其他人也会同意，这幢看起来离我们更近的房子的确要更近；从军用地图上看，也会得出相同的结论。于是，一切都指向房子之间的一种空间关系，它对应于我们在观察房屋时所看到的感觉材料之间的关系。因此，我们可以假定存在着一个物理空间，其中物理对象的空间关系对应于相应的感觉材料在我们的私有空间中的空间关系。几何学所处理的空间，以及物理学和天文学所假设的空间，正是这个物理空间。

假设存在着物理空间，而且它的确与私有空间有这样的对应，那么我们对它能知道什么呢？我们只能知道，为了确保这种对应，需要哪些东西。也就是说，我们对物理空间本身一无所知，但可以知道由物理对象的空间关系而产生的物质对象的排列方式。例如，我们可以知道，在日月食期间，地球、月球和太阳处于一条直线上，尽管我们不能像知道我们的视觉空间里的直线是什么样子一样，知道物理的直线本身是什么样子。因此，我们对物理空间中距离关系的了解要比对距离本身的了解多得多。我们可能知道，一个距离比另一个距离更大，或者一个距离与另一个距离在同一条直线上，但我们不能像直接亲知（acquaintance）我们私有空间里的距离，或者像亲知颜色、声音或其他感觉材料那样来直接亲知物理距离。一个天生的盲人通过其他人而知道的关于视觉空间的所有东西，我们也可以对物理空间知道；但天生的盲人对视觉空间永远无法知道的东西，我们对物理空间也无法知道。我们可以知道为使物理空间与感觉材料保持一致所需的关系的性质，但无法知道关系项的本性。

在时间方面，众所周知，我们的绵延感或流逝感是时钟时间的一种不可靠的向导。我们感到无聊或痛苦时，时间就过得慢，心情愉悦时，时间就过得快，而我们睡觉时，时间几乎像不存在一样。因此，就时间由绵延所构成而言，有必要像对待空间一样区分公共时间和私有时间。但是就时间在于一种先后秩序而言，没有必要做这样的区分；就我们所见，事件似乎具有的时间秩序与它们实际具有的时间秩序是相同的。无论如何，没有理由认为这两种秩序是不同的。在空间方面，情况通常也是如此：如果一个兵团沿路行进，从不同的角度看，兵团的形状是不同的，但从所有角度看，他们都将排成相同的秩序。因此，我们认为秩序在物理空间中也是真实的，而形状仅就需要用它保持这种秩序而言，才被认为对应于物理空间。

我们说，事件似乎具有的时间秩序与它们实际具有的时间秩序是相同的，这里有必要防止一种可能的误解。绝不能认为，不同物理对象的各种不同状态与构成对这些对象的知觉的感觉材料具有相同的时间秩序。如果被当作物理对象，那么打雷和闪电是同时的；也就是说，在空气扰动开始的地方，即闪电所在的地方，闪电与空气扰动是同时的。但我们所称的"听到雷声"这一感觉材料，却要等到空气扰动传到我们这里才会有。同样，太阳光大约需要八分钟才能到达我们这里，因此我们看到的太阳乃是八分钟之前的太阳。就我们的感觉材料为物理的太阳提供了证据而言，它们提供的乃是关于八分钟之前的物理太阳的证据；即使物理太阳在最后八分钟之内消失了，我们所称的"看见太阳"这一感觉材料也不会有什么不同。这提供了一个新的例证，表明必须对感觉材料与物理对象加以区分。

我们在空间方面的发现与我们在感觉材料与其物理对应之间的关系方面的发现大致相同。如果一个对象看起来是蓝色的，另一个看起来是红色的，那么我们可以合理地推测，这两个物理对象之间有某种相应的差异；如果两个物体看起来都是蓝色的，那么我们可以假定它们之间有一种相应的类似。但我们不能指望直接亲知物理对象的使之看起来是蓝色或红色的性质。科学告诉我们，这种性质是某种波动，这听起来很熟悉，因为我们想到了我们所看到的空间中的波动。但波动必定实际存在于我们没有直接亲知的物理空间中。因此，真实的波动并不像我们认为的那样熟悉。对颜色适用的结论，对其他感觉材料也基本上适用。于是我们发现，虽然物理对象之间的关系具有各种可知的性质，这些性质源于物理对象之间的关系与感觉材料之间的关系的对应，但物理对象本身的内在本性仍然是未知的，至少就感官所能发现的而言是这样。问题仍然在于，是否有其他方法来发现物理对象的内在本性。

至少就视觉的感觉材料而言，首先可以采用的最自然的（虽然不是最站得住脚的）假说是，尽管由于我们一直在考虑的原因，物理对象不可能与感觉材料完全相似，但它们可能或多或少有些相似。根据这种观点，物理对象将真实地具有（比如说）颜色，如果运气好，我们也许会看到一个具有真实颜色的对象。在任一时刻，从许多不同的角度来看，一个对象所具有的颜色虽然不尽相同，但大体上非常相似。因此我们可以假定，"真实的"颜色是一种中间色，介于从不同的角度显现出来的不同色度之间。

这样的理论也许无法完全驳倒，但可以表明它是没有根据的。我们看到的颜色显然只依赖于撞击眼睛的光波的本性，因此我们与对象之间的介质，以及光从对象朝着眼睛的方向被反射的方式，都会使颜色发生改变。

除非介于其间的空气完全干净，否则会使颜色发生改变，任何强烈的反射也会完全改变颜色。因此我们看到的颜色乃是光线到达眼睛的结果，而不仅仅是光线所来自的对象的一种属性。于是，只要某些波到达眼睛，我们就能看到某种颜色，不论波所来自的对象是否有颜色。这样一来，假定物理对象有颜色是完全不必要的，因此也没有理由做出这样的假设。完全类似的论证也适用于其他感觉材料。

我们仍然要问，是否有任何一般的哲学论证能使我们说，如果物质是实在的，它就必定具有如此这般的本性。正如前面所解释的那样，许多哲学家（也许是大多数哲学家）都认为，凡是实在的东西，在某种意义上都必定是心灵的，或者无论如何，凡是我们能够知道的东西，在某种意义上都必定是心灵的。这样的哲学家被称为"观念论者"。观念论者告诉我们，显现为物质的东西实际上是某种心灵的东西；也就是说，要么是（如莱布尼茨所主张的）原始心灵，要么是（如贝克莱所主张的）通常所谓"感知"着物质的心灵中的观念。因此，观念论者否认存在着与心灵有内在不同的物质，尽管他们并不否认我们的感觉材料是独立于我们的私有感觉而存在的某种东西的标志。在下一章，我们将简要考察观念论者所提出的支持其理论的（在我看来是谬误的）理由。

第四章

观念论

不同哲学家在不同的意义上使用"观念论"一词。我们用它来指这样一种学说，即任何存在的东西，至少是任何可以知道存在的东西，在某种意义上都必须是心灵上的。这种被哲学家广泛接受的学说有若干种形式，并且基于若干种不同的理由而得到辩护。这一学说流传甚广，其本身也很有趣，因此即使是对哲学做出最简短的考察，也必须对它有所论述。

不习惯于哲学思辨的人可能会倾向于把这种学说斥为明显荒谬的东西加以抛弃。常识无疑认为，桌椅、太阳、月亮和其他物体一般来说完全不同于心灵和心灵的内容，即使心灵不复存在，它们也可以继续存在。我们认为，早在任何心灵存在之前，物质就已经存在，很难把物质仅仅看成心灵活动的产物。但无论真假，都不能把这种学说斥为明显荒谬的东西加以抛弃。

我们已经看到，物理对象即使有独立的存在，也必定与感觉材料有很大的不同，而且物理对象与感觉材料之间的对应只可能像是目录与被编目事物之间的对应。因此，关于物理对象真正的内在本性，常识完全没有告诉我们任何东西。如果有充分的理由认为它们是心灵的，我们就不能仅仅因为这种观点让我们感到奇怪而理所当然地拒斥它。关于物理对象的真理一定很奇怪。它也许是无法得到的，但如果某位哲学家相信自己已经得到了，那就不应因为被他当作真理提出来的东西显得奇怪而反对他的观点。

拥护观念论的理由一般都来自知识论，也就是说，来自对事物若要被我们认识而必须满足的条件的讨论。贝克莱主教第一次严肃地尝试把观念论建立在这些理由的基础上。通过大体上有效的论证，他首先证明，不能认为我们的感觉材料独立于我们而存在，而是必定至少有一部分感觉材料存在于心灵"之中"，因为如果没有看、听、触、嗅或尝，感觉材料就不会继续存在。到目前为止，他的论点几乎肯定是有效的，尽管他的一些论证并没有充分根据。但他进而指出，我们的知觉能使我们确信其存在的只有感觉材料，被认识就是存在于一个心灵"之中"，因此是心灵的。于是他得出结论：除非存在于某个心灵之中，否则任何东西都不可能被认识；凡可认识的东西，不在我的心灵之中，就必定在其他某个心灵之中。

为了理解他的论证，需要理解他对"观念"一词的用法。他把任何直接被认识的东西，比如感觉材料，都称为"观念"。因此，我们看到的某种颜色就是一个观念，我们听到的声音也是一个观念，等等。但这个术语并非完全局限于感觉材料，它还包括记忆或想象的事物，因为在记起或想象的那一刻，我们对这些事物也有直接的亲知。所有这些直接的材料，他都称之为"观念"。

然后，他开始考虑常见的对象，比如一棵树。他表明，当我们"感知"这棵树时，我们所直接知道的一切都是由他所理解的观念构成的。他指出，关于这棵树，除了我们感知到的东西以外，没有任何理由认为还有什么实在的东西。他说，它的存在就在于被感知：用经院学者的拉丁文来说，它的"存在"（esse）就是"被感知"（percipi）。他完全承认，即使我们闭上眼睛，或者没有人在它附近，这棵树也必定继续存在。但他说，这种继续存在是因为上帝继续感知它。与我们所谓的物理对象相对应的"实在"的树由上帝心灵中的观念所构成，这些观念或多或少类似于我们看到这棵树时所具有的观念，但不同之处在于，只要这棵树继续存在，它们就永远在上帝的心灵之中。根据他的说法，我们的所有感知都在于对上帝感知的部分程度的分有，正因为这种分有，不同人才或多或少看到了同一棵树。因此，除了心灵及其观念，世界上没有任何别的东西，别的东西也不可能被认识，因为任何被认识的东西都必然是一种观念。

这个论证中有许多谬误，但它们在哲学史上很重要，我们不妨将它们揭示出来。首先是"观念"一词的使用引起了混乱。我们认为观念本质上是存在于某人心灵之中的某种东西，因此当我们被告知一棵树完全由观念所构成时，我们自然会认为，如果是这样，那么这棵树必定完全存在于心灵之中。但存在于心灵"之中"这种说法很模糊。我们说把一个人记在心里，并不是指这个人就在我们心里，而是指对他的想法在我们心里。当一个人说，他已经不把一件必须做的事情放在心里了，他并不是指这件事本身曾经在他心里，而仅仅是指，对这件事的想法以前在他心里，但后来不在了。所以当贝克莱说，如果我们能认识那棵树，则它必定存在于我们的心灵之中时，他真正有权说的是，关于这棵树的想法必定存在于我们的心灵之中。认为树本身必定存在于我们的心灵之中，就像认为我们所铭记的人本身就存在于我们的心灵之中一样。这种混乱太过明显，任何一位称职的哲学家似乎都不可能真的犯这种错误，但各种伴随的状况竟然使之成为可能。为了看清楚它是如何可能的，我们必须更深入地研究观念的本性问题。

在讨论观念的本性这个一般问题之前，我们必须先把关于感觉材料和关于物理对象的两个完全独立的问题区分开。我们看到，出于各种细致的理由，贝克莱把构成了我们对树的感知的感觉材料当成了或多或少主观的东西来处理。这是正确的，因为它们既依赖于树也依赖于我们，而且如果树不被感知，它们将不存在。但这种观点完全不同于贝克莱试图证明凡可直接被认识的东西都必定存在于心灵之中所凭借的观点。为此目的，详细论证感觉材料如何依赖于我们是没有用处的。必须一般地证明，事物由于被认识从而是心灵的。这就是贝克莱自认为已经做的事情。我们现在必须关心的正是这个问题，而不是先前关于感觉材料与物理对象之间区别的问题。

就贝克莱意义上的"观念"而言，每当一个观念出现在心灵之中时，就需要考虑两件截然不同的事情：一方面是我们所意识到的事物，比如我桌子的颜色；另一方面则是实际的意识本身，即理解这个事物的心灵活动。此心灵活动无疑是心灵的，但是否有理由认为所理解的事物在某种意义上也是心灵的呢？我们以前关于颜色的论证并没有证明它是心灵的，而只是证明，颜色的存在依赖于我们的感官与物理对象的关系——在我们的例子中，物理对象是桌子。也就是说，这些论证证明了，在一定的光线下，如果正常的眼睛位于相对于桌子的某一点上，那么某种颜色就会存在。它们并没有证明颜色存在于感知者的心灵之中。

贝克莱的观点，即颜色显然必定存在于心灵之中，之所以貌似合理，似乎是因为它混淆了被理解的事物与理解的行为。这两者都可以称为"观念"，贝克莱或许也曾这样称呼它们。理解的行为无疑存在于心灵之中，因此当我们想到这个行为时，我们很容易同意观念必定存在于心灵之中的观点。于是我们忘记了，只有当观念被视为理解的行为时，这种说法才是真的，因此我们便把"观念存在于心灵之中"这一命题转化为另一种意义上的观念，即转化为我们的理解行为所理解的事物。于是，通过一种无意识的含糊其词，我们得出了这样的结论：凡是我们所能理解的东西，都必定存在于我们的心灵之中。这似乎就是对贝克莱论证及所基于的根本谬误的真正分析。

在我们对事物的理解中，区分理解的行为和理解的对象是至关重要的，因为我们获得知识的整个能力与之息息相关。能够亲知自身以外的事物是心灵的主要特征。对对象的亲知本质上是心灵与心灵以外的某种事物之间的一种关系，正是这一点构成了心灵认识事物的能力。如果我们说，所认识的事物必定存在于心灵之中，那么我们要么是不恰当地限制了心灵的认识能力，要么就只是在说一种同义反复。如果我们所说的"在心灵之中"和"在心灵之前"意思一样，也就是说仅仅指被心灵所理解，那么我们说"在心灵之中"就是一种同义反复。但如果是这个意思，我们就必须承认，在这种意义上存在于心灵之中的东西可能并不是心灵的。因此，当我们认识到知识的本性时，便会发现贝克莱的论证在形式上和内容上都是错误的，而他认为"观念"——所理解的对象——必定是心灵的时，他的根据是完全靠不住的。因此，他支持观念论的理由可以不予理会。是否还有其他理由则有待观察。

人们常说，我们不可能知道我们所不知道的东西是否存在，这似乎是不言自明的真理。由此推断，凡是与我们的经验有关的东西，至少是我们能够知道的。因此，如果物质本质上是某种我们所无法亲知的东西，那么我们就不可能知道物质的存在，物质对我们来说也会无关紧要。人们通常还暗示，出于某些尚不明确的理

46

由，对我们来说不重要的东西就不可能是实在的，因此如果物质不是由心灵或心灵的观念构成的，那它就是不可能的，而仅仅是一种空想。

我们眼下还不可能充分讨论这个论点，因为它所引出的一些问题需要进行相当多的预备性讨论；但我们可以立刻注意到反对这一论点的某些理由。让我们从结尾开始谈起：没有理由认为，对我们没有任何实际重要性的东西就不应当是实在的。诚然，如果把理论的重要性也包括在内，那么一切实在之物对我们来说都有某种重要性，因为作为渴望了解宇宙真相的人，我们对宇宙中的一切事物都有某种兴趣。但如果把这种兴趣包括在内，那么即使我们不知道物质的存在，只要它存在，它对我们来说就不是无关紧要的。显然，我们可以怀疑它能否存在，并想知道它是否存在，因此它与我们对知识的渴望相联系，并且具有满足或阻碍这种渴望的重要性。

同样，我们不可能知道我们所不知道的任何事物是否存在，这绝不是一个不言自明的真理，事实上也是错误的。这里的"知道"一词是在两种不同的意义上被使用的：①在第一种用法中，它适用于那种与错误相反的知识，即在这种意义上，我们知道的东西是真的，这种意义适用于我们的信念，即所谓的判断。正是在"知道"的这种意义上，我们知道事物是如此这般。这种知识可以称为真理的知识。②在上述"知道"一词的第二种用法中，这个词适用于事物的知识，我们可以称之为亲知。正是在"知道"的这种意义上，我们知道感觉材料。〔这里涉及的区别大致是法语中 savoir（认识）和 connaître（熟悉）之间的区别，或者德语中 wissen（认识）和 kennen（熟悉）之间的区别。〕

于是，这句似乎是不言自明的真理的话可以重述如下："我们永远也无法真确地判断，我们没有亲知的某种东西是否存在。"这绝不是一个不言自明的真理，而是一个明显的错误。我无缘亲知中国的皇帝，但我真确地判断他是存在的。当然可以说，我之所以这样判断，是因为别人亲知他。但这是一种不相干的反驳，因为如果这个原则是真的，我就不可能知道有别人亲知他。但更进一步说：没有理由表明我不会知道存在着某种无人亲知的东西。这一点很重要，需要加以说明。

如果我亲知一个存在的事物，则我的亲知让我知道它存在着。但反过来并不能说，只要我能知道某种事物存在着，我或其他某个人就必定亲知了这个事物。当我有真确的判断而没有亲知时，我是通过描述而知道这个事物的，而且凭借某个一般原则，符合这种描述的事物的存在可以从我亲知的某种事物的存在中推断出来。为了充分理解这一点，我们不妨先来讨论亲知的知识与描述的知识之间的区别，然后考虑有哪些关于一般原则（如果有的话）的知识与我们关于自身经验存在的知识具有同样的确定性。这些主题将在以下各章加以讨论。

第五章

亲知的知识和描述的知识

　　在上一章，我们看到有两种知识：事物的知识和真理的知识。在本章，我们将专门讨论事物的知识，并区分它的两个类别。通过亲知而获得的事物的知识本质上要比任何真理的知识更简单，并且在逻辑上独立于真理的知识，尽管认为人在亲知事物的同时却不知道关于事物的某种真理，未免太过轻率。与此相反，我们在本章将会看到，通过描述而获得的事物的知识总是涉及一些真理的知识作为自己的来源和根据。不过，我们必须首先弄清楚我们所说的"亲知"和"描述"是什么意思。

　　可以说，我们对于我们直接觉察到的任何事物都有亲知，而没有任何推理过程或真理的知识作为中介。例如，在我的桌子前，我亲知了构成桌子现象的颜色、形状、硬度、平滑度等感觉材料；当我看到或摸到桌子时，所有这些事物都是我直接意识到的。我所看到的这种特殊的色度可能有许多与之相关的东西可说——我可以说它是棕色的，它很深，等等。然而这样的陈述虽然使我知道了关于这种颜色的真理，但并没有使我比以前更好地认识这种颜色本身：就认识颜色本身，而不是认识关于颜色的真理而言，当我看到这种颜色时，我完完全全地认识它，关于这种颜色本身的进一步知识甚至在理论上也是不可能的。因此，构成桌子现象的感觉材料就是我亲知的事物，即被我照原样直接知道的事物。

与此相反，我关于作为物理对象的桌子的知识则不是直接的知识。这种知识本身是通过对构成桌子现象的感觉材料的亲知而获得的。我们已经看到，我们可以毫不荒谬地怀疑是否存在着一张桌子，但却不可能怀疑感觉材料。我关于这张桌子的知识就是我们所说的那种"描述的知识"。这张桌子是"产生如此这般的感觉材料的物理对象"。这是在用感觉材料来描述桌子。为了知道关于桌子的任何东西，我们必须知道将桌子与我们所亲知的事物联系起来的真理：我们必须知道"如此这般的感觉材料是由一个物理对象产生的"。我们并不是在某种心灵状态中直接觉察到这张桌子的。我们关于桌子的一切知识实际上都是真理的知识，而桌子的实际所是，严格说来，我们根本就不知道。我们知道一个摹状词，我们知道这个摹状词只适用于一个对象，尽管我们并不直接知道这个对象本身。在这种情况下，我们说我们关于这个对象的知识是描述的知识。

我们所有的知识，无论是事物的知识还是真理的知识，都建立在亲知的基础上。因此，重要的是考虑有哪些事物是我们所亲知的。

我们已经看到，感觉材料是我们所亲知的事物之一，事实上，它们为亲知的知识提供了最为明显和突出的例子。但如果它们是唯一的例子，我们的知识将比实际上有限得多。那样一来，我们将只知道现在呈现于我们感官的东西，而不会知道任何关于过去的东西（甚至不会知道存在着过去），也不会知道任何关于我们感觉材料的真理，因为正如我们将要表明的那样，一切真理的知识都需要亲知那种与感觉材料有本质不同的事物，这些事物有时被称为"抽象观念"，但我们将称之为

"共相"。因此，要想对我们的知识进行较为充分的分析，就必须考虑对除感觉材料以外的其他事物的亲知。

除感觉材料以外，需要考虑的第一个扩展是通过记忆而来的亲知。显然，我们时常会记起我们所看到、听到或以其他方式呈现给我们感官的东西，在这些情况下，我们仍然会直接觉察到我们所记起的东西，尽管它是作为过去而不是现在的东西而显现出来的。这种由记忆而来的直接知识是我们关于过去的所有知识的来源。没有它，就不可能有通过推断而获得的关于过去的知识，因为我们永远无法知道有什么过去的东西需要推断。

下一个需要考虑的扩展是通过内省而来的亲知。我们不仅觉察到事物，而且经常觉察到我们正在觉察它们。当我看到太阳时，我常常觉察到自己看到了太阳，因此"我看到太阳"是我所亲知的一个对象。当我渴望食物时，我可能会觉察到我对食物的渴望，因此"我渴望食物"是我所亲知的一个对象。同样，我们可能会觉察到我们感觉着快乐或痛苦，以及一般地觉察到发生在我们心灵中的事件。这种亲知或许可称为"自我意识"，它是我们关于心灵事物的所有知识的来源。显然，只有在我们自己心灵中发生的事情才能被直接知道。我们是通过对他人身体的感知，即通过与他人身体相关的我们心中的感觉材料，来认识他人心灵中发生的事情的。如果我们不亲知自己心灵的内容，我们就无法想象他人的心灵，因此我们永远也不会知道他人有心灵。似乎可以很自然地认为，自我意识是使人区别于动物的因素之一：我们可以设想，动物虽然对感觉材料有所亲知，但却从未觉察到这种亲知。我并不是说动物怀疑自己是否存在，而是说动物从未意识到自己有感觉和感受，因此也没有意识到自己作为其感觉和感情的主体是存在的。

我们已经把对我们心灵内容的亲知称为自我意识，但它当然不是对我们自我的意识，而是对特定思想和感受的意识。我们是否也亲知了与特定的思想和感受相对的我们那个纯粹的自我呢？这是一个非常困难的问题，对此做出肯定的回答未免太过轻率。当我们尝试审视自己时，似乎总是遇到一些特定的思想或感受，而不是遇到那个具有这些思想或感受的"我"。不过，有理由认为我们对这个"我"是有所亲知的，尽管这种亲知很难与其他事物分开。为了弄清楚其中的原因，让我们思考一下，我们对特定思想的亲知究竟涉及哪些东西。

显然，当我亲知"我看到太阳"时，我所亲知的似乎是两种相互关联的不同事物：一方面是太阳呈现给我的感觉材料，另一方面则是看到这些感觉材料的那个东西。所有亲知，例如我对太阳呈现给我的感觉材料的亲知，似乎都显然是亲知者与他所亲知的对象之间的一种关系。当一个亲知行为可以被我亲知之时（比如我对太阳呈现给我的感觉材料的亲知），则这个亲知者显然就是我自己。比如当我亲知我看到太阳时，我亲知的整个事实就是"自我对感觉材料的亲知"（Self-acquainted-with-sense-datum）。

此外，我们还知道"我亲知这些感觉材料"这一真理。除非我们对被我们称为"我"的那个东西有所亲知，否则很难看出我们如何可能知道这个真理，甚至理解它是什么意思。似乎没有必要假设我们亲知一个几乎不变的人，即这个人在昨天和今天是一样的，但我们似乎必须亲知那个看到太阳并且亲知了感觉材料的东西，无论其本性是什么。因此，在某种意义上，我们似乎必定亲知了与我们的特殊经验相对的我们的"自我"。但这个问题很困难，每一方都可以举出复杂的论据。因此，虽然亲知我们自己这种情况似乎可能会发生，但断言它无疑会发生则是不明智的。

因此，关于对存在事物的亲知，我们可以将以上所述总结如下。我们在感觉中亲知了外感官的材料，在内省中亲知了所谓内感官的材料——思想、感受、欲望等；我们在记忆中亲知了一些事物，这些事物要么是外感官的材料，要么是内感官的材料。此外，我们很可能（虽然不是很确定）亲知了"自我"，即那个觉察到事物或渴望事物的东西。

除了亲知特殊的存在事物，我们还亲知所谓的共相，也就是像白、多样性、兄弟关系这样的一般观念。每一个完整的句子都必须包含至少一个代表共相的词，因为每一个动词都有一个普遍的意义。稍后我们将在第九章回到共相问题的讨论；眼下我们只需警惕这样一种假设，即我们所亲知的东西必定是某种特殊的、存在的东西。对共相的觉察被称为构想，我们觉察到的共相被称为概念。

可以看到，在我们所亲知的对象中，既不包括物理对象（与感觉材料相反），也不包括他人的心灵。我们是通过我所谓的"描述的知识"来认识这些事物的，我们现在就来考虑这种知识。

所谓"摹状词"，我指的是任何具有"一个如此这般的东西"（a so-and-so）或"这个如此这般的东西"（the so-and-so）形式的短语。我把具有"一个如此这般的东西"形式的短语称为"不定"摹状词，而把具有"这个如此这般的东西"形式的（单称）短语称为"限定"摹状词。例如，"一个人"是一个不定摹状词，而"这个戴着铁面具的人"则是一个限定摹状词。有各种问题都与不定摹状词有关，但对于这些问题，我将略过不谈，因为它们与我们正在讨论的问题并不直接相关，这个问题是：当我们知道存在着一个对象与一个限定摹状词相对应，但并未亲知任何这样的对象时，我们关于这种对象的知识的本性是什么？这个问题只与限定摹状词有关。因此接下来，当我意指"限定摹状词"时，我将只说"摹状词"，于是摹状词将意指任何具有"这个如此这般的东西"形式的单称短语。

当我们知道一个对象是"如此这般的东西"时，即当我们知道有且只有一个对象具有某一特性时，我们就称它是"通过描述而被认识的"；一般而言这将意味着，我们没有通过亲知而获得的关于这个对象的知识。我们知道那个戴着铁面具的人是存在的，也知道关于他的许多命题，但我们并不知道他是谁。我们知道得票最多的候选人会当选，在这种情况下，我们也很可能会亲知（只是在一个人能够亲知另一个人的意义上来说的）那个事实上会得票最多的候选人，但我们不知道他是哪一位候选人。也就是说，我们不知道具有"A 是得票将会最多的候选人"这种形式的任何命题，其中 A 是一位候选人的名字。虽然我们知道"这个如此这般的东西"存在着，而且可能亲知这个事实上如此这般的对象，但我们并不知道任何具有"a 是这个如此这般的东西"形式的命题，其中 a 是我们亲知的某种东西。在这种情况下我们会说，我们拥有关于这个如此这般的东西的"纯粹描述的知识"。

当我们说"这个如此这般的东西存在"时，我们的意思是，只有一个对象是这个如此这般的东西。命题"a 是这个如此这般的东西"的意思是，a 具有某某属性，而其他任何东西都不具有这种属性。"A 先生是该选区的唯一（the）统一派候选人"的意思是，"A 先生是该选区的一位（a）统一派候选人，而其他人不是"。"该选区的这位统一派候选人存在"的意思是，"某人是该选区的一位统一派候选人，而其他人不是"。于是，当我们亲知"这个如此这般的东西"的对象时，我们知道"这个如此这般的东西"存在着；而当我们并不亲知我们知道是"这个如此这般的东西"的任何对象时，甚至当我们并不亲知实际上是"这个如此这般的东西"的任何对象时，我们也可以知道"这个如此这般的东西"存在着。

　　普通的词，甚至是专名，其实通常都是摹状词。也就是说，一般而言，只有当我们用摹状词来代替专名时，正确地使用专名的人的心灵中的思想才能被明确表达出来。此外，表达思想所需要的摹状词是因人而异的，对同一个人也因时而异。唯一不变的东西（只要名称使用得正确）是名称所适用的对象。但只要这种情况保持不变，所涉及的限定摹状词通常不会影响出现这个名称的命题的真或假。

让我们举几个例子。假设有一些关于俾斯麦的陈述。假定有对自我的直接亲知这回事，那么俾斯麦本人也许可以直接用他的名字来指称他所亲知的那个特定的人。在这种情况下，如果他做出了一个关于他自己的判断，则他本人可能就是该判断的一个成分。这里，专名有了它一直希望具有的那种直接用途，即只代表某个对象，而不代表该对象的摹状词。但如果一个认识俾斯麦的人做了一个关于他的判断，情况就不同了。这个人所亲知的乃是被他与俾斯麦的身体（假定正确地）联系在一起的某些感觉材料。他的作为物理对象的身体，以及他的心灵，仅仅是作为与这些感觉材料相联系的身体和心灵而被认识的。也就是说，它们是通过描述而被认识的。当然，一个人想到他的朋友时，哪些外貌特征会在他的心灵中浮现出来，这在很大程度上是一个很偶然的事情，实际出现在他心灵中的摹状词是偶然的。关键在于，他知道各种摹状词都适用于同一个东西，尽管他并不亲知这个东西。

当我们这些不认识俾斯麦的人做出关于他的判断时，我们心灵之中的摹状词很可能是一些比较模糊的历史知识——在大多数情况下，这种知识远远超出了确认俾斯麦所需的知识。但为了方便说明，假设我们认为他是"德意志帝国的第一任首相"。除了"德意志"，这里所有的词都是抽象的。而"德意志"一词对于不同的人来说具有不同的含义。它会让一些人想起在德国的旅行，让另一些人想起在地图上看到的德国的样子，等等。但若想获得一个我们知道适用的摹状词，就不得不在某种程度上给它指称一个我们所亲知的殊相，这个指称覆盖了任何场合：过去、现在和未来（而不是确切的日期），或者这里和那里，或者别人告诉我们的内容。于是，一个我们知道适用于某个殊相的摹状词，似乎必然以某种方式涉及对我们所亲知的一个殊相的指称，如果我们关于所描述事物的知识不仅仅是从那个摹状词中逻辑地推演出来的。例如，"那个最长寿的人"是一个只包含共相的摹状词，它必定适用于某个人，但是关于这个人，我们所做的判断不能超出该摹状词所提供的关于他的知识。但如果我们说，"德意志帝国的第一任首相是一位精明的外交家"，那么我们就只能根据我们所亲知的某种东西——通常是听到或读到的证词——来确信自己的判断是真的。除了我们传达给别人的信息，以及与实际的俾斯麦有关的事实（它对我们的判断很重要），我们实际拥有的思想也都包含着一个或多个所涉及的殊相，要不然就完全由概念所构成。

所有地名——伦敦、英格兰、欧洲、地球、太阳系——在使用时，也同样涉及一些摹状词，这些摹状词都起始于我们所亲知的一个或多个殊相。从形而上学角度来考虑，我怀疑甚至连宇宙也包含着与殊相的这样一种联系。相反，在逻辑学中，我们不仅关心的确存在的东西，而且也关心任何可以存在或可能存在的东西，而不会提及实际的殊相。

看来，当我们对某个只有通过描述才能认识的事物做出陈述时，我们时常有意不让我们的陈述在形式上涉及摹状词，而是使之关乎所描述的实际事物。也就是说，当我们谈到俾斯麦时，如果可能的话，我们愿意做出只有俾斯麦本人才能做出的判断，即俾斯麦本人是一个成分的判断。在这方面，我们必然会失败，因为实际的俾斯麦并不为我们所知。但我们知道有一个对象 B 被称为俾斯麦，知道 B 曾是一位精明的外交家，于是我们可以这样来描述我们想要肯定的命题，即"B是一位精明的外交家"，其中B就是那个被称为俾斯麦的对象。如果我们把俾斯麦描述为"德意志帝国的第一任首相"，则我们想要断言的命题可以描述为"关于德意志帝国的第一任首相这个实际的对象，此命题断言，该对象是一位精明的外交家"。虽然我们使用了各种不同的摹状词，但我们仍然能够交流，是因为我们知道有一个关于实际的俾斯麦的真命题，无论我们如何改变那个摹状词（只要那个摹状词是正确的），所描述的命题仍然是相同的。我们感兴趣的正是这个被描述和已知为真的命题，但我们对这个命题本身并没有亲知，也不知道它，尽管我们知道它是真的。

我们将看到，远离对殊相的亲知有多个阶段：认识俾斯麦的人的俾斯麦，只通过历史才知道俾斯麦的人的俾斯麦，那个戴着铁面具的人，那个最长寿的人，等等。这些阶段逐步远离了对殊相的亲知。对于其他人来说，第一种情况最接近于亲知；在第二种情况下，我们仍然可以说知道"俾斯麦是谁"；在第三种情况下，我们并不知道谁是那个戴着铁面具的人，尽管我们可以知道许多关于他的命题，这些命题不能从他戴着铁面具这一事实中逻辑地推断出来；最后，在第四种情况下，我们只知道可以从那个人的定义中逻辑地推断出来的东西。在共相领域也有类似的等级结构。许多共相，就像许多殊相一样，也只有通过描述才能被我们认识。但在这里，如同殊相的情况一样，关于通过描述而被认识的东西的知识，最终叫以归结为关于通过亲知而被认识的东西的知识。

在对包含摹状词的命题的分析中，基本原则是：我们所能理解的每一个命题都必须完全由我们亲知的成分所构成。

在眼下这个阶段，我们并不试图回应针对这一基本原则所能提出的所有反对意见。现在我们只需指出，以这样或那样的方式一定可以圆满解决这些反对意见，因为很难想象我们能够做出判断或假设而不知道我们所判断或假设的是什么。要想有意义地说话而不只是发出噪音，我们就必须赋予我们使用的词语以某种意义，而我们赋予词语的意义必须是我们亲知的。例如，当我们谈到尤里乌斯·恺撒时，尤里乌斯·恺撒本人显然并不在

我们的心灵中，因为我们并没有亲知他。我们想到了
关于尤里乌斯·恺撒的某个摹状词："那个在三月十五
日被暗杀的人""罗马帝国的缔造者"，或者可能仅仅是
"那个名为尤里乌斯·恺撒的人"（在最后这个摹状词中，
尤里乌斯·恺撒是我们亲知的一种声音或图形）。因此，
我们的陈述并不完全是它看起来所指的东西，而是指尤
里乌斯·恺撒以外的某种东西，这种东西包含着完全由
我们亲知的殊相和共相所构成的关于他的某个摹状词。

　　描述的知识的主要意义在于，它使我们能够超越我
们个人经验的界限。尽管我们只能知道完全由我们在亲
知中经验的东西所构成的真理，但我们仍然可以通过描
述我们从未经验过的事物来获得知识。鉴于我们直接经
验的范围非常狭窄，这个结果是至关重要的，在理解它
之前，我们的许多知识都必定是神秘的，因此是值得怀
疑的。

第六章

论归纳

在前面几乎所有的讨论中，我们一直都试图通过关于存在的知识来弄清楚我们的材料。宇宙中有哪些东西是由于我们的亲知而知道其存在的呢？到目前为止，我们的回答是，我们亲知我们的感觉材料，或许也亲知我们自己。我们知道这些东西是存在的。我们记忆中的过去的感觉材料，我们也知道在过去是存在的。这些知识为我们提供了材料。

但如果我们能够从这些材料中得出推论来——如果我们知道物质的存在、他人的存在、在我们个人的记忆开始之前的过去的存在或者未来的存在，我们就必须知道某种类型的一般原则，通过它们可以得出这样的推

66

论。我们必须知道，某种东西 A 的存在是另一种东西 B 的存在的标志，B 要么与 A 同时，要么比 A 稍早或稍晚，例如，雷声是早于它的闪电存在的标志。如果不知道这一点，我们就永远不能把我们的知识扩展到个人经验的范围之外；我们已经看到，这个范围是极其有限的。我们现在要考虑的问题是，这种扩展是否可能，以及如果可能，是如何实现的？

让我们以一件谁都不会有任何怀疑的事情为例。我们都相信太阳明天会升起。为什么呢？这种信念仅仅是过去经验的盲目产物吗？抑或可以被证明是一种合理的信念？虽然要想找到一种检验标准来判断这种信念是否合理并不容易，但我们至少可以确定，什么样的一般信念（如果是真的）足以证明明天太阳会升起这个判断是合理的，以及我们的行为所基于的其他许多类似的判断是合理的。

显然，如果有人问我们为什么相信明天太阳会升起，我们自然会回答："因为它每天都升起。"我们坚信太阳未来还会升起，因为它过去总是升起。如果有人质疑说，为什么我们相信太阳会和以前一样继续升起，我们也许会诉诸运动定律：我们会说，地球是一个自由旋转的物体，这样的物体只要不受外界干扰就不会停止旋转，而从现在到明天，并没有什么外界的东西来干扰地球。当然，可以怀疑我们是否完全确信外界的干扰不存在，但这种怀疑并不是我们感兴趣的。令人感兴趣的怀疑是，到了明天，运动定律是否仍然起作用。如果有人提出这种怀疑，我们就会发现自己的处境和面对太阳升起的怀疑时是一样的。

我们相信运动定律将继续起作用的唯一理由是，我们关于过去的知识能使我们断定，它们迄今为止一直在起作用。诚然，支持运动定律的过去的证据要比支持日出的更多，因为日出只是实现运动定律的一个特例，除此之外还有无数其他特例。但真正的问题是：无论一个定律在过去被实现的例子有多少，能否证明它在未来也会被实现呢？如果不能，那么我们显然就没有理由预料太阳明天还会升起，或者我们下一顿要吃的面包不会让我们中毒，或者控制我们日常生活的几乎意识不到的其他期待。需要注意的是，所有这些期待都只是可能的。因此，我们不要试图证明它们必然会实现，而只需寻找理由来表明它们可能会实现。

　　在处理这个问题的时候，我们首先要做一个重要的区分，否则我们很快就会陷入无望的混乱。经验告诉我们，到目前为止，某种齐一的相继或共存的反复出现，一直是我们期待下次出现同样的相继或共存的一个原因。具有某种外观的食物通常具有某种味道，当我们发现熟悉的外观与一种不同寻常的味道相联系时，我们的期待便会大受打击。我们所看到的事物经由习惯与我们所期待的某种触觉联系在一起。（在许多鬼故事中）鬼之所以恐怖，原因之一就在于它不能给我们任何触觉。未受过教育的人第一次出国，当发现没人听得懂他的母语时，会惊讶得难以置信。

　　这种联系并不仅发生在人身上，它在动物身上也很明显。一匹马经常沿着某条路走，若想把它驱赶到另一个方向，它就会抗拒。家畜看到经常给它们喂食的人时，就会期待饲料。我们知道，所有这些相当原始的对齐一性的期待都很容易产生误导。每天都喂鸡的人最后却拧断了鸡的脖子，这表明，关于自然齐一性的更精致的观点对鸡是有用的。

然而尽管这些期待具有误导性，但它们仍然存在着。如果某件事已经发生了若干次，那么单凭这一事实就会使动物和人期待它再次发生。例如，我们的本能肯定会让我们相信太阳明天还会升起，但我们的处境也许并不比那只出乎意料被扭断了脖子的鸡更好。因此，我们必须将过去的齐一性引起对未来的期待这一事实与下述问题区分开来，即在对这些期待的有效性提出质疑之后，是否有合理的理由让我们重视这些期待。

必须讨论的问题是，我们是否有理由相信所谓的"自然的齐一性"。相信自然的齐一性，就是相信一切已经发生或将要发生之事都是某个没有例外的一般定律的例子。我们一直在考虑的原始的期待全都有例外，因此可能会让那些抱有这种期待的人感到失望。但科学习惯上认为，至少作为一种工作假说，有例外的一般规则可以被没有例外的一般规则所取代。"没有支撑的物体在空中会下落"是一般规则，而气球和飞机则是例外。但运动定律和万有引力定律既能解释绝大多数物体都会下落，也能解释气球和飞机会上升。因此，运动定律和万有引力定律不受这些例外的约束。

如果地球突然碰到一个巨大的天体，从而破坏了它的自转，那么关于太阳明天还会升起的信念就可能被证伪。但这样一个事件不会违反运动定律和万有引力定律。科学的任务就在于找到像运动定律和万有引力定律这样的齐一性，就我们经验所及，这两者都没有例外。就这种寻找而言，科学已经取得了显著的成功，而且可以承认，这种齐一性迄今仍然成立。这又把我们带回到那个问题：假定它们过去总是成立，我们是否有理由假定它们未来也会成立？

有人指出，我们有理由知道未来会和过去相似，因为曾经的未来不断成为过去，而且总是被发现和过去相似，因此我们的确拥有关于未来的经验，即关于以前是未来的那些时间的经验，我们可以称之为过去的未来。但这种论证实际上回避了问题的实质。我们拥有关于过去的未来的经验，但没有关于未来的未来的经验。而问题在于：未来的未来和过去的未来相似吗？要想回答这个问题，不能只从过去的未来出发进行论证。因此，我们仍须寻找某种原则，使我们知道未来将遵循与过去同样的定律。

在这个问题中提到未来是不必要的。当我们把在经验中起作用的定律应用于我们没有经验的过去的事情上时，同样的问题就出现了——例如，就像在地质学中，或者在关于太阳系起源的理论中那样。我们真正要问的问题是："如果我们发现两件事经常联系在一起，而且从未发现一件事发生而另一件事不发生的情况，那么在一个新的事例中，其中一件事的发生是否使我们有足够的理由期待另一件事会发生呢？"我们对未来的全部期待的有效性，通过归纳得出的全部结果，甚至是我们日常生活所基于的几乎全部信念，必定都依赖于我们对这个问题的回答。

首先必须承认，两个东西常常在一起且从不分开，这一事实本身并不足以证明，它们在我们考察的下一个事例中也将在一起。我们最多只能希望，越是经常被发现在一起的东西，就越有可能在另一个时间被发现在一起，而且如果它们非常频繁地被发现在一起，那么这种可能性就几乎等于确定性。它永远不可能完全达到确定性，因为我们知道，虽然经常重复，但最后有时还是会不再重复，就像脖子被拧断的鸡的例子那样。因此，可能性才是我们应该寻求的东西。

与我们所提倡的观点相反，也许有人主张，我们知道所有自然现象都受定律的支配，而且有时基于观察可以看到，只可能有一条定律符合相关事实。对于这个观点有两种回答：第一种是，即使有某条没有例外的定律适用于我们的事例，我们也永远无法实际确定我们发现的是那条定律，而不是存在着例外的定律。第二种是，定律的支配本身似乎只是可能的，我们相信它在未来或者在过去未经考察的事例中仍然成立，这种信念本身就是基于我们正在考察的那条原则。

我们正在考察的原则可以被称为归纳原则，它的两个部分可以表述如下：

（1）如果某一类 A 中的一个事物被发现与另一类 B 中的一个事物相联系，而且从未被发现与 B 类中的事物分离，那么 A 与 B 相联系的事例数越多，它们在已知两者之一在其中出现的新的事例中相联系的可能性就越大；

（2）在相同情况下，A 与 B 在其中相联系的事例如果足够多，将使它们在新的事例中相联系的可能性变得近乎确定，并且无限接近确定性。

如前所述，这一原则只适用于验证我们在单个新事例中的期待。但我们也想知道，有一种可能性是支持以下一般定律的，即只要已知足够数量的相联系的事例，而且没有不相联系的事例，那么 A 类中的事物总是与 B 类中的事物相联系。一般定律的可能性显然小于特殊事例的可能性，因为如果一般定律为真，则特殊事例也必然为真，但即使一般定律不为真，特殊事物也可能为真。不过，就像特殊事例的可能性一样，一般定律的可能性也是通过重复而增加的。因此，关于一般定律，我们可以将我们原则的两个部分重述如下：

（1）A 类中的一个事物被发现与 B 类中的一个事物相联系的事例越多，A 就越有可能总是与 B 相联系（如果未发现不相联系的事例）；

（2）在同样的情况下，如果 A 与 B 有足够多的相联系的事例，那么几乎可以肯定 A 总是与 B 相联系，并使这条一般定律无限接近确定性。

应当指出，可能性总是相对于某些材料而言的。在我们的例子中，材料仅仅是 A 与 B 共存的那些已知事例。也许还有其他材料可以考虑，它们将大大改变可能性。例如，一个看到过很多白天鹅的人也许会借助我们的原则指出，根据这些材料，有可能所有天鹅都是白的，这也许是一个完全可靠的论证。有些天鹅是黑的，这一事实并不能否证这一论点，因为尽管有些材料表明一件事不大可能发生，但它仍然可能发生。以天鹅为例，人们可能知道，许多动物的颜色都是非常多变的，因此对颜色的归纳特别容易出错。但这一知识将是一种新的材料，而绝不能证明相对于我们以前材料而言的可能性被错误地估计了。因此，事物常常无法满足我们的期待，这并不能证明我们的期待在某一事例或某一组事例中不可能得到满足。因此，我们无法通过诉诸经验来否证归纳原则。

然而我们同样不能通过诉诸经验来证明归纳原则。对于已经考察的那些事例，也许可以设想经验确证了归纳原则；但是对于未经考察的事例，只有归纳原则才能证明从已经考察的东西推论出未经考察的东西是合理的。所有以经验为基础的论证，无论是关于未来的，还是关于过去或现在的未经验部分的，都假设了归纳原则。因此，用经验来证明归纳原则必定回避了问题的实质。这样一来，我们要么必须基于内在证据来接受归纳原则，要么必须放弃对我们关于未来的期待的所有辩护。倘若归纳原则是不可靠的，我们就没有理由期待太阳明天会升起，期待面包会比石头更有营养，或者期待我们如果从屋顶上摔下来会掉落。当我们看到我们最好的朋友向我们走来的时候，我们也就没有理由认为他的身体中没有住着我们的死敌或某个完全陌生的人的心灵。我们的一切行为都建立在过去行之有效，因此我们认为未来也可能行之有效的联系的基础上，这种可能性的有效性依赖于归纳原则。

与日常生活中的信念一样，科学的一般原则，比如相信定律起支配作用，相信凡事必有因等，也完全依赖于归纳原则。所有这些一般原则之所以被人相信，是因为人类已经在无数事例中发现它们是真的，而没有发现任何关于它们为假的事例。但这并不能证明它们未来也为真，除非假定了归纳原则。

因此，在经验的基础上讲述未被经验事物的所有知识都基于一种信念，这种信念既不能被经验确证，也不能被经验驳倒，但至少在其更具体的应用中，似乎和许多经验事实一样牢牢地根植于我们心灵深处。这些信念——正如我们将会看到的，归纳原则并不是唯一的例子——的存在和根据引出了一些极为困难且备受争议的哲学问题。我们将在下一章简要考察如何来说明这种知识，以及它的范围和确定性程度如何。

第七章

论我们关于一般原则的知识

    我们在上一章看到，虽然归纳原则对于所有基于经验的论证的有效性来说是必不可少的，但它本身并不能被经验所证明，而每个人又都毫不犹豫地相信它，至少在它的所有具体应用中是如此。并非只有归纳原则才具有这些特性，还有一些原则虽然不能被经验证明或否证，却被用在以经验为出发点的论证中。

    在这些原则中，有的比归纳原则有更充分的证据，关于这些原则的知识与关于感觉材料的存在的知识具有同等程度的确定性。它们构成了由感觉所予引出推论的手段；如果我们推论出来的东西是真的，那么我们的推论原则应该和我们的感觉材料一样是真的。推论原则很容易因为显而易见而被忽视，以至于我们往往同意其中所涉及的假设，而没有意识到它是一个假设。但若想获得一种正确的知识论，就必须了解推论原则的使用，因为我们关于它们的知识引出了一些有趣而又困难的问题。

在我们关于一般原则的所有知识中，实际发生的事情是这样的：我们首先认识到该原则的某种特殊应用，然后认识到这种特殊性是不相干的，有一种一般性同样可以被正确断言。这在算术教学这样的事情上当然很常见："二加二等于四"先在某一特殊的两对事物的事例中被学会，然后又在另一特殊事例中被学会，等等，直到最后可以看出，它对于任何两对事物都是正确的。逻辑原则也是如此。假设两个人在讨论今天是几号，其中一个人说："你至少要承认，如果昨天是 15 号，那么今天一定是 16 号。""是的，"另一个人说，"我承认。""你知道，"第一个人接着说，"昨天是 15 号，因为你和琼斯一起吃的饭，你的日记将会告诉你，那是 15 号的事。""是的，"第二个人说，"所以今天是 16 号。"

这样一个论证理解起来并不难，如果假定它的前提

79

事实上为真，那么没有人会否认其结论也一定为真。但它的真取决于某个一般的逻辑原则的一个事例。该逻辑原则是这样的："假设我们知道，如果这个是真的，则那个是真的。又假设我们知道这个是真的，则由此可以推出，那个是真的。"倘若事实上，如果这个是真的，那个就是真的，我们就说，这个"蕴含"了那个，那个从这个"推论而来"。因此，我们的原则说，如果这个蕴含着那个，而这个是真的，则那个是真的。换句话说，"真命题所蕴含的任何东西都是真的"，或者"从真命题中推论而来的任何东西都是真的"。

这条原则——至少是它的具体事例——实际上包含在所有证明中。每当我们用所相信的一个事物来证明我们因此而相信的另一个事物时，这条原则就是相关的。如果有人问："我为什么要接受基于真前提的有效论证的结果呢？"我们就只能诉诸我们的原则来回答。事实上，这条原则的真实性是不容置疑的，它是如此显而易见，以至于初看起来似乎不值一提。但对于哲学家来说，这些原则并非不值一提，因为它们表明，我们可以拥有绝非从感觉对象中得来的不容置疑的知识。

上述原则仅仅是若干不言自明的逻辑原则之一。在任何论证或证明成为可能之前，这些原则中至少有一些必须得到承认。当其中一些原则已被承认时，其他原则才能得到证明，尽管这些其他原则只要是简单的，就会像那些被认为理所当然的原则一样显而易见。传统上，有三条原则以"思维律"的名义被挑选出来（尽管这种挑选并没有很充分的理由）。

　　它们是：

　　（1）同一律："是者是。"

　　（2）矛盾律："任何东西不能既是又不是。"

　　（3）排中律："任何东西必须要么是要么不是。"

　　这三条法则是自明的逻辑原则的例子，但事实上并不比各种类似的其他原则更基本或更自明，比如我们刚才考虑的那条原则，即从一个真前提中推论而来的东西也是真的，就要更基本或更自明。"思维律"这个名称也容易引起误导，因为重要的不是我们按照这些法则来思考，而是事物依照这些法则来表现。换句话说，当我们按照它们来思考时，我们才在正确地思考。但这是一个很大的问题，我们以后再谈。

除了能使我们由给定的前提来证明某个事物确定为真的逻辑原则以外，还有其他逻辑原则能使我们由给定的前提来证明，某个事物有更大或更小的可能性是真的。这种原则的一个例子——也许是最重要的例子——就是我们在上一章讨论的归纳原则。

历史上的一大争论是被分别称为"经验论者"和"唯理论者"的两派之间的争论。以英国哲学家洛克、贝克莱和休谟为代表的经验论者坚持认为，我们所有的知识都来源于经验；而以17世纪大陆哲学家尤其是以笛卡尔和莱布尼茨为代表的唯理论者则坚持认为，除了我们凭借经验而知道的东西以外，还有某些"天赋观念"和"天赋原则"是我们独立于经验而知道的。现在已经可以带着某种自信来判定这两个对立学派的对错了。必须承认，基于上述理由，逻辑原则是我们所熟知的，它们本身不能为经验所证明，因为所有证明都以它们为前提。因此，在这一点也是最重要的争论点上，唯理论者是正确的。

另一方面，即使是在逻辑上独立于经验（即无法为经验所证明）的那部分知识，也仍然是由经验引发和造成的。在特定的经验中，我们意识到由它们的联系所例证的一般法则。认为婴儿天生就知道人类所知的一切不能从经验中推断出来的事物，这当然是荒谬的。因此，"天赋"一词现在不能被用来描述我们关于逻辑原则的知识。"先验的"一词则较少受到非议，在近现代作品中更为常用。因此，虽然我们承认一切知识都是由经验引发和造成的，但我们也主张有些知识是先验的，因为使我们想到它们的经验并不足以证明它们，只是使我们注意到我们无须任何经验证据就能认识到它们是真的。

在另一个非常重要的观点上，经验论者反对唯理论者是有道理的。只有借助于经验，我们才能知道某个事物是存在的。也就是说，要想证明我们没有直接经验的某个事物存在着，我们的前提就必须包括我们有直接经验的一个或多个事物的存在。例如，我们相信中国皇帝存在着，这种信念依赖于证据，而证据归根结底是由我们在阅读或交谈中看到或听到的感觉材料组成的。唯理论者相信，从对必然存在的事物的一般考虑出发，他们可以推断出实际世界中这个或那个事物的存在。他们的这种信念似乎是错误的。我们能够先验获得的关于存在的先验知识似乎都是假设性的：它告诉我们，如果一个事物存在，那么另一个事物也必定存在，或者更一般地说，如果一个命题为真，那么另一个命题也必然为真。我们已经讨论的原则例证了这一点，比如"如果这个是真的，而且这个蕴含着那个，则那个是真的"，或者"如果这个和那个屡屡被发现关联在一起，则在出现其中之一的下一个事例中，它们很可能也会关联在一起"。因此，先验原则的范围和能力是被严格限定的。所有关于某物存在的知识都必然在一定程度上依赖于经验。当一个事物被直接认识时，它的存在只能通过经验来认识；当一个事物被证明存在而不是立即被认识时，证明过程中必须既需要经验也需要先验原则。完全或部分依赖于经验的知识被称为经验知识。因此，所有断言存在的知识都是经验知识，而与存在相关的唯一的先验知识是假设性的，这种知识可以告诉我们存在或可能存在的事物之间的种种联系，但不能告诉我们其实际存在性。

先验知识并不都是我们迄今一直在考虑的那种逻辑知识。在非逻辑的先验知识中，最重要的例子也许是关于伦理价值的知识。我并不是在说何为有用或何为美德

84

的判断，因为这种判断的确需要经验的前提，我说的乃是关于事物内在合意性的判断。如果一个事物是有用的，则它之所以有用，一定是因为它能确乎达到某种目的；如果我们追究得足够远，则这个目的本身必须是有价值的，而不仅仅因为它对其他目的有用。因此，关于何为有用的所有判断都依赖于关于什么东西自身有价值的判断。

例如，我们判断幸福比痛苦更合意，知识比无知更合意，善意比仇恨更合意，等等。这样的判断至少在某种程度上必须是直接的和先验的。就像我们以前所说的先验判断一样，它们可能是由经验引起的，而且事实上也必定如此；因为除非我们经验过同类的事物，否则似乎不可能判断某种事物是否具有内在的价值。但是显然，它们不能被经验所证明，因为一个事物的存在或不存在既不能证明它是好的、应该存在，也不能证明它是坏的。对这一主题的研究属于伦理学，而在伦理学中必须确定，不可能由存在推出应该。在目前的情况下，必须认识到，关于具有内在价值的东西的知识是先验的，就像逻辑是先验的一样，也就是说，这种知识的真既不能被经验证明，也不能被经验否证。

　　和逻辑一样，所有纯数学都是先验的。经验论哲学家极力否认这一点，他们认为经验是我们算术知识的来源，就像经验是我们地理知识的来源一样。他们坚持认为，通过反复看到两个事物和另外两个事物在一起的这种经验，我们发现它们总共是四个事物，于是通过归纳得出这样的结论：两个事物和另外两个事物在一起总是组成了四个事物。然而如果这就是我们知道二加二等于四的来源，我们就应该以一种不同于实际所做的方式来说服自己相信它为真。事实上，需要一定数量的事例才能使我们抽象地想到二，而不是想到两个硬币、两本书、两个人或者任何其他特定种类的两个东西。但一旦能把不相干的特殊性从我们的思想中剥离，我们就能认识到二加二等于四这个一般原则；如果任何一个事例都被认为是典型的，对其他事例的考察也就变得没有必要了。[1]

　　同样的情形也见于几何学。若要证明所有三角形的

1　参见怀特海（A. N. Whitehead），《数学导论》。——原注

某种性质，我们就画出某个三角形并加以推论；但我们可以避免使用它具有而所有其他三角形都不具有的属性，从而从我们的特殊事例中得出一个一般结论。其实我们并没有因为新的事例而更加确信二加二等于四，因为一旦我们认识到这个命题为真，我们对它的确信就变得如此之大，以至于达到了无以复加的地步。此外，我们对于"二加二等于四"这个命题所感到的必然性，甚至连得到最充分验证的经验概括也不具备。这样的概括始终仅仅是事实：我们觉得也许有一个世界，在这个世界里它们为假，尽管在现实世界里它们碰巧为真。与此相反，在任何可能的世界里，我们都觉得二加二等于四。这并不是一个纯粹的事实，而是一种必然性，一切实际的和可能的事物都必须服从这种必然性。

通过考虑一个真正经验的概括，例如"所有人都会死"，可以使这个问题变得更清楚。显然，我们之所以相信这个命题，首先是因为，已知的例子中还没有人活过一定的年龄，其次是因为，似乎有生理学上的理由认为，像人体这样的有机体迟早会用坏。如果忽略第二个理由，只考虑我们关于人不免一死的经验，那么只用一个得到清楚理解的人的死亡的事例，我们显然是不会满足的。然而对于"二加二等于四"，仔细考虑一个事例就足以让我们相信，在任何其他事例中必定会出现同样的情况。经过反思，我们或许也不得不承认，对于是否所有人都会死，可能会有某种程度的怀疑，无论这种程度多么轻微。如果尝试想象两个不同的世界，在其中一个世界里人是不死的，而在另一个世界里二加二等于五，我们就会明白这一点。当斯威夫特[1]让我们考虑永远不死的斯特鲁布鲁格人时，我们能够默认地加以想象。而一个二加二等于五的世界，则似乎处在一个完全不同的层次上。我们认为，这样一个世界如果存在，将会颠覆我们的整个知识结构，使我们变得彻底怀疑。

事实上，诸如"二加二等于四"这样的简单数学判断，以及许多逻辑判断，都是我们不必从事例中进行推断就能知道的一般命题，尽管通常需要某些事例来阐明这个一般命题的意义。因此，从一般到一般或者从一般

---

1 约拿单·斯威夫特（Jonathan Swift, 1667—1745），英国小说家。斯特鲁布鲁格是其著名的讽刺小说《格列佛游记》中一个长生不老的种族。——译注

到特殊的演绎过程，以及从特殊到特殊或者从特殊到一般的归纳过程，都有实际的效用。演绎是否可以带来新知识，这是哲学家们争论已久的问题。我们现在可以看到，至少在某些情况下，演绎的确可以带来新知识。如果我们已经知道二加二等于四，而且我们知道布朗和琼斯是两个人，鲁滨逊和史密斯也是两个人，那么我们就可以演绎出，布朗、琼斯、鲁滨逊和史密斯是四个人。这是不包含在我们前提中的新知识，因为"二加二等于四"这个一般命题从来没有告诉我们存在着布朗、琼斯、鲁滨逊和史密斯这些人，特殊前提也没有告诉我们存在着他们四个人，而演绎出的这个特殊命题的确告诉了我们这两件事情。

但如果我们举逻辑学著作中经常提到的一个演绎的例子——"所有人都会死；苏格拉底是人，所以苏格拉底会死"，那么知识是否是新的，就远非那么确定了。在这个例子中，我们确实毫无疑问地知道，A、B、C几个人是会死的，因为他们实际上已经死了。如果苏格拉底是这些人中的一个，那么迂回通过"所有人都会死"来推断"苏格拉底可能会死"是一种愚蠢的做法。

苏格拉底并不是我们的归纳所依据的人之一，我们最好是直接从我们的 A、B、C 推到苏格拉底，而不是迂回通过"所有人都会死"这个一般命题。因为根据我们的材料，苏格拉底会死的可能性要比所有人都会死的可能性更大。（这是显而易见的，因为如果所有人都会死，则苏格拉底也会死；但如果苏格拉底会死，这并不意味着所有人都会死。）因此，如果我们只作纯粹归纳的论证，要比迂回通过"所有人都会死"然后使用演绎，更能确定地得出"苏格拉底会死"这一结论。

这便说明了先验命题（如"二加二等于四"）与经验概括（如"所有人都会死"）之间的区别。就前者而言，演绎是正确的论证方式；而就后者而言，归纳在理论上总是更可取的，并且使我们对结论的真怀有更大的信心，因为所有经验概括都比它们的事例更不确定。

我们已经看到，有一些命题是被先验地认识的，其中包括逻辑和纯数学的命题，以及伦理学的基本命题。接下来我们必须思考的问题是：如何会有这样的知识呢？更具体地说，如果我们没有考察所有事例，而且由于其数目是无限的，我们也永远不可能考察所有事例，那么在这种情况下，如何可能存在关于一般命题的知识呢？这些问题最初是由德国哲学家康德（1724—1804）明确提出来的，它们非常困难，并且在历史上非常重要。

第八章

先验知识是如何可能的

　　伊曼努尔·康德被公认为最伟大的近代哲学家。他虽然经历了七年战争和法国大革命，但从未中断他在东普鲁士柯尼斯堡的哲学教学。他最独特的贡献是创立了他所谓的"批判"哲学，这种哲学假定存在着各种各样的知识，探究这样的知识如何可能，并从对这种探究的回答中推论出许多关于世界本性的形而上学的结论。这些结论是否有效当然可以怀疑，但康德有两点无疑值得肯定：首先，他认识到我们拥有一种先验知识，这种知识不是纯粹"分析的"，也就是说，它的反面不是自相矛盾的；其次，他阐明了知识论在哲学上的重要性。

　　在康德以前，人们普遍认为，凡是先验的知识就必定是"分析的"。这个词的意思最好通过举例来说明。如果我说："秃头的人是人""平面图形是图形""糟糕的诗人是诗人"，我做的就是一个纯粹分析的判断，即说出的主词至少被赋予了两种属性，其中一种属性被挑出来断言它。上述这些命题都很平凡，在现实生活中，除非有演说家要准备一篇诡辩，否则它们永远也不会被明确说出来。之所以称它们为"分析的"，是因为仅仅通过分析主词就能得到谓词。在康德以前，人们认为，凡是可以肯定为先验的判断都是这种类型的，即在所有这些判断中，谓词只是它所断言的主词的一部分。果真如此的话，如果我们试图否认任何可以先验地知道的东西，我们就会陷入明确的矛盾。"秃头的人不是秃的"既断言又否认同一个人是秃的，所以会导致自相矛盾。因此，根据康德以前的哲学家的说法，断言任何事物都不能在同一时间既具有又不具有某种性质的矛盾律，足以确立一切先验知识为真。

关于是什么使知识成为先验的，康德之前的休谟接受了通常的看法。他发现，在此前被认为是分析的许多情况下，特别是在原因和结果的情况下，所涉及的联系实际上是综合的。在休谟之前，至少唯理论者认为，只要我们有足够的知识，就可以从原因中逻辑地推论出结果。休谟（现在一般认为是正确地）指出，这是不可能的。由此，他推论出一个更值得怀疑的命题，那就是关于因果联系，我们不可能知道任何先验的东西。受过唯理论传统教育的康德对休谟的怀疑论深感不安，他试图找到这个问题的答案。他认识到，不仅是因果联系，而且所有的算术和几何命题都是"综合的"，即不是分析的。在所有这些命题中，任何对主词的分析都不能揭示谓词。他常用的例子是"七加五等于十二"这个命题。他非常正确地指出，七和五必须放在一起才能得到十二。十二这个观念并未包含在它们之中，甚至也没有包含在把它们加在一起的这个观念之中。因此，他得出结论：所有纯粹数学虽然是先验的，但却是综合的。这个结论引出了一个新问题，康德一直努力寻找解决这个问题的办法。

康德将"纯粹数学是如何可能的"这个有趣而又困难的问题置于其哲学的开端。对于这个问题，任何不是纯粹怀疑的哲学都必定要找到答案。纯粹经验论者的回答是，我们的数学知识是由特殊的例子归纳而来的。我们已经看到，这种回答是不恰当的，原因有二：第一，归纳本身并不能证明归纳原则的有效性；第二，一般的数学命题，比如"二加二等于四"，显然可以通过考虑单一的例子而被确定地知道，进一步列举与之符合的其他例子则徒劳无益。因此，相比于（仅仅是可能的）关于经验概括的知识，例如"所有人都会死"，我们必须以不同的方式来解释关于一般数学（也适用于逻辑学）命题的知识。

这个问题之所以产生，是因为这样的知识是一般的，而所有经验都是特殊的。我们显然能够事先知道关于我们未曾经验的特殊事物的某些真理，这似乎很奇怪，但逻辑和算术适用于这类事物，却是不容置疑的。我们不知道一百年以后谁是伦敦的居民，但我们知道其中任意两个人加另外任意两个人将是四个人。这种关于我们未曾经验的事物的明显的预见力确实令人惊讶。康德对这个问题的解决方案非常有趣，尽管在我看来是靠不住的。然而它非常难懂，不同的哲学家对它有不同的理解。因此，我们只能给出它的一个大致轮廓，但是在康德体系的许多倡导者看来，即使是这样的轮廓也会产生误导。

康德认为，在我们的所有经验中必须区分两种要素，一种来自对象（即我们所说的"物理对象"），另一种来自我们自身的本性。在讨论物质和感觉材料时我们看到，物理对象不同于与之相关的感觉材料，而感觉材料则被认为产生于物理对象与我们自己之间的一种相互作用。至此，我们都同意康德的观点。但康德的独特之处在于，他是如何分别为我们自己和物理对象分配份额的。他认为，在感觉中给出的原始材料（颜色、硬度等）来自对象，而我们所提供的则是这些感觉材料在空间和时间中的排列，以及感觉材料之间的所有关系，这些关系是通过对感觉材料进行比较，或者把一种材料看成另一种材料的原因，或者以任何其他方式而产生的。他支持这种观点的主要原因是，我们似乎具有关于空间、时间、因果性和比较的先验知识，但不具有关于实际的原始感觉材料的知识。他说，可以确信的是，我们能够经验的任何东西都必定会显示出我们的先验知识已经断定它具有的那些特征，因为这些特征来自我们自身的本性，因此任何未获得这些特征的东西都不能进入我们的经验。

康德认为物理对象，即他所谓的"物自体"[1]，本质上是不可知的；可知的乃是我们在经验中具有的对象，他称之为"现象"。现象是我们与物自体的联合产物，必然具有来自我们的那些特性，因此必然符合我们的先验知识。因此，虽然这种知识适用于一切实际的和可能的经验，但不应认为它也适用于经验以外的东西。于是，尽管先验知识是存在的，但是关于物自体，或者关于不是经验的实际对象或可能对象的事物，我们不可能知道任何东西。通过这种方式，他试图调和并协调唯理论者和经验论者的主张。

除了可以用来批评康德哲学的一些次要理由，还有一个主要的反对意见，对于用他的方法来处理先验知识问题的任何尝试似乎都是致命的。需要解释的是，我们

---

1 康德的"物自体"在定义上与物理对象是等同的，即它是感觉的起因。从由定义推论出来的属性来看，它并不等同于物理对象，因为康德这样认为（尽管在原因上有些不一致），我们可以知道，任何范畴都不适用于"物自体"。——原注

如何能够确定，事实必须始终符合逻辑和算术。说逻辑和算术来自我们自身，并不能解释这一点。和任何事物一样，我们的本性也是现存世界的一个事实，我们无法确定它是否会保持不变。如果康德是对的，我们的本性也许明天就会发生变化，使二加二等于五。他似乎从未想到过这种可能性，但这种可能性彻底摧毁了他渴望为算术命题证明的那种确定性和普遍性。诚然，这种可能性在形式上与康德的观点并不一致，康德认为时间本身是主体强加于现象之上的一种形式，因此我们真实的自我不在时间之中，也没有明天。但他仍须假定，现象的时间秩序取决于现象背后的东西的特性，这对于我们论证的实质而言已经足够。

而且只要稍加思索似乎就可以明白，如果我们的算术信念中存在某种真理，那么这些信念必须同样适用于事物，不论我们是否想到它们。两个物理对象加另外两个物理对象一定会构成四个物理对象，即使物理对象没有被经验到。我们这样断言，肯定没有超出我们说"二加二等于四"时所要表达的意思。它的真就像"两种现象加另外两种现象构成四种现象"这一断言的真一样，是不容置疑的。因此，康德的解决方案不仅未能解释先验命题的确定性，而且过度限制了先验命题的范围。

除了康德所提倡的特殊学说，哲学家们普遍认为，先验的东西在某种意义上是心灵的，它们与我们必然会采用的思维方式有关，而不是与外部世界的任何事实有关。我们在上一章已经指出了通常被称为"思维律"的三条原则。导致它们被如此命名的观点非常自然，但有充分的理由认为它是错误的。让我们以矛盾律为例。这条原则通常被表述为"任何东西不能既是又不是"，意思是说，任何东西都不能同时既具有又不具有某一性质。例如，如果一棵树是山毛榉，则它不可能不是山毛榉；如果我的桌子是长方形的，则它不可能不是长方形的，如此等等。

我们之所以很自然地把这条原则称为思维律，是因为我们是通过思想而不是通过外在的观察来让自己相信它必然为真的。当我们看到一棵树是山毛榉时，我们不需要再看一眼，以确定它是否不是山毛榉，仅凭思维我们就知道这是不可能的。然而断言矛盾律是一条思维律，这仍然是错误的。当我们相信矛盾律的时候，我们

99

所相信的并不是，我们的心灵天生就必须相信矛盾律。这种信念乃是心理反思的一个后果，心理反思已经预设了对矛盾律的信念。对矛盾律的信念是关于事物的信念，而不仅仅是关于思维的信念。这种信念并不是说，如果我们认为某棵树是山毛榉，我们就不能同时认为它不是山毛榉；而是说，如果这棵树是山毛榉，则它就不可能同时不是山毛榉。因此，矛盾律是关于事物的，而不仅仅是关于思维的。虽然对矛盾律的信念是一种思想，但矛盾律本身并不是一种思想，而是关于世间事物的一个事实。如果我们在相信矛盾律时所相信的这一点并不适用于世间事物，那么即使我们强行认为它是真的，也不能使矛盾律免于成为假的。这表明矛盾律并不是思维律。

类似的论证也适用于任何其他的先验判断。当我们判断二加二等于四时，我们不是在对我们的思维做出判断，而是对所有实际的或可能的成对事物做出判断。我们的心灵天生就相信二加二等于四，虽然这个事实是正确的，但是当我们断言二加二等于四时，却并不是要断言这个事实。关于我们心灵结构的任何事实都无法使二加二等于四成为真的。因此，如果我们的先验知识不是错误的，那它们就不仅是关于我们心灵结构的知识，而且也适用于世界所包含的任何东西，无论是心灵的东西还是非心灵的东西。

事实似乎是，我们所有的先验知识都与严格说来既不存在于心灵世界也不存在于物质世界的东西有关。这些东西可以用名词以外的词性来命名，它们是像性质和关系这样的东西。例如，假设我在我的房间里。我存在，我的房间也存在；但是"在……里"（in）存在吗？然而"在……里"这个词显然是有意义的，它代表我和我的房间之间的一种关系。这种关系是某种东西，但我们不能以我和我的房间存在着的那种意义说它存在着。"在……里"这种关系是我们可以思考和理解的，因为如果我们不能理解它，我们就不能理解"我在我的房间里"这句话。许多哲学家都追随康德认为，关系是心灵的运作，事物本身并不具有关系，是心灵在一个思想行为中把事物集中在一起，从而产生了心灵认为事物具有的那些关系。

然而这种观点似乎很容易遭到反对，就像我们以前反对康德那样。"我在我的房间里"这个命题的真显然不是由思想产生的。我的房间里可能确实有一只蠼螋，即使我、蠼螋或任何其他人都不知道这个真理，因为这个真理只与蠼螋和房间有关，而不依赖于任何其他东西。因此，正如我们将在下一章更充分地看到的，关系必须被置于一个既非心灵也非物理的世界中。这个世界对于哲学特别是对于先验知识的问题至关重要。在下一章，我们将着手揭示它的本性，以及它与我们所讨论问题的关系。

第九章

共相的世界

在上一章的结尾，我们看到像关系这样的东西似乎有一种存在，这种存在不同于物理对象的存在，也不同于心灵和感觉材料的存在。在本章，我们将考虑这种存在的本性是什么，以及哪些对象具有这种类型的存在。我们将从后一个问题开始。

我们现在关心的是一个非常古老的问题，因为它是由柏拉图引入哲学的。柏拉图的"理念论"就试图解决这个问题，在我看来，这是迄今为止所做的最成功的尝试之一。接下来所主张的理论主要是柏拉图的理论，我只是对它做了一些修改，正如时间所表明的，这些修改是必要的。

柏拉图遇到的问题大致是这样的。让我们考虑比如说像正义这样的概念。如果我们问自己正义是什么，那么我们很自然会考虑种种正义的行为来发现它们的共同之处。在某种意义上，它们必定分有一种共同的本性，这种本性只可见于所有正义的事物，而不见于其他任何事物。由于它们都是正义的，所以这种共同的本性就是正义本身，这种纯粹的本质与日常生活中的诸多事实相混合，便产生了各种各样的正义行为。可应用于常见事实的任何其他语词也类似，比如"白"。这个词将可应用于若干特殊的事物，因为它们都分有一个共同的本性或本质。这种纯粹的本质就是柏拉图所说的"理念"或"理型"。（切不可认为他所说的"理念"存在于心灵中，虽然它们可以为心灵所理解。）正义这个"理念"不等于任何正义的事物：它是某种不同于特殊事物的东西，是特殊事物所分有的东西。它不是特殊的，因此它本身不可能存在于感觉的世界中，而且它不像感觉的事物那样短暂或可变，它本身是永恒不变和不可毁灭的。

　　就这样，柏拉图被引到了一个比日常感觉世界更实在的超感觉世界，这个世界是不变的理念世界，只有它才赋予了感觉世界以实在的苍白写照。对柏拉图来说，真正实在的世界是理念世界。因为对于感觉世界中的事物，无论我们试图说些什么，我们都只能说，它们分有了如此这般的理念，于是这些理念就构成了它们的全部特性。因此，这很容易流于一种神秘主义。我们可以期望像看到感觉对象那样，在一种神秘的光照中看到理念，我们可以想象这些理念存在于天上。这些神秘的发展是很自然的，但该理论的基础却是合乎逻辑的，而且正因为它有逻辑方面的基础，我们才不得不考虑它。

渐渐地，"理念"一词使人产生了许多联想，当把这些联想应用于柏拉图的"理念"时，很容易产生误导。因此，我们将使用"共相"而不是"理念"来描述柏拉图的意思。柏拉图所意指的这种东西的本质就在于，它与感觉给出的特殊事物相对立。我们把感觉给出的东西或与之具有相同本性的东西称为殊相；与此相反，我们把任何可以被许多殊相分有的东西称为共相。正如我们所看到的，共相具有把正义和白与正义的行为和白色的事物区分开来的那些特征。

当我们考察普通语词时，我们发现，大致说来，专名代表殊相，而其他名词、形容词、介词和动词则代表共相。代词代表殊相，但含义不明：只有通过上下文或语境我们才能知道它们代表什么殊相。"现在"一词代表一个殊相，即当下的时刻；但和代词一样，它代表一个含义不明的殊相，因为当下总是在变化。

由此可见，任何句子都至少需要一个表示共相的词。最省事的办法是做出像"我喜欢这个"这样的陈述。但即使在这里，"喜欢"一词也表示一个共相，因为我还可以喜欢别的东西，而别人也可以喜欢东西。因此，所有真理都涉及共相，所有真理的知识都涉及对共相的亲知。

既然字典里几乎所有的词都代表共相，那么奇怪的是，除哲学研究者以外，几乎没有人认识到存在着共相这样一种东西。我们自然不大细想一个句子里不代表共相的那些词，如果我们不得不细想一个代表共相的词，我们自然会认为它代表着共相下面的某个殊相。例如，当我们听到"查理一世[1]的头被砍掉了"这句话时，我

---

1 查理一世（Charles I, 1600—1649），斯图亚特王朝的苏格兰、英格兰及爱尔兰国王。英国内战期间被公开处死。——译注

们很自然会想到查理一世，想到查理一世的头，想到砍掉他的头的动作，所有这些东西都是殊相，但我们自然不会细想作为共相的"头"或"砍"这两个词的含义。我们认为这些词是不完整和无实体的，在用它们做任何事情之前，它们似乎都需要一个语境。就这样，我们对共相本身不再有丝毫注意，直到哲学研究使我们不得不注意它们为止。

甚至在哲学家当中，我们也可以大致地说，往往只有用形容词或名词来命名的共相才得到承认，而用动词或介词来命名的共相则经常被忽视。这种疏漏对哲学产生了很大影响。可以说，自斯宾诺莎以来，大多数形而上学在很大程度上都取决于它。情况大致是这样的：一般说来，形容词和普通名词表示单个事物的性质或属性，而介词和动词则往往表示两个或多个事物之间的关系。因此，对介词和动词的忽视导致了这样一种信念，即可以认为每一个命题都把某种属性赋予了单个事物，而不是表达两个或多个事物之间的关系。因此有人认为，像事物之间的关系这样的东西最终是不可能存在的。因此，要么宇宙中只有一个事物，要么就算有许多事物，它们也不可能以任何方式发生相互作用，因为任何相互作用都是一种关系，而关系是不可能存在的。

第一种观点被称为一元论，由斯宾诺莎所主张，今天由布拉德雷和其他许多哲学家所秉承；第二种观点被称为单子论，因为每一个孤立的事物都被称为单子，它由莱布尼茨所主张，但在今天并不常见。这两种对立的哲学虽然很有趣，但在我看来，它们都源于对某一种共相的过分关注，即由形容词和名词而不是由动词和介词所代表的那种共相。

事实上，如果有人急于完全否认有共相存在，那么我们就会发现，我们无法严格证明存在着像性质这样的东西，即由形容词和名词所代表的共相，而我们却能证明必定存在着关系，即一般由动词和介词所代表的那种共相。让我们以"白"这种共相为例。如果我们相信存在着这样一种共相，我们就会说事物之所以是白的，是因为它们具有白这种性质。然而贝克莱和休谟极力否认这种观点，后来的经验论者也步他们的后尘，他们否认存在着"抽象观念"这样的东西。他们说，当我们想到白时，我们形成了关于某个特殊的白色事物的意象，并且就这个殊相进行推理，同时又小心翼翼地避免推出任何与之相关、我们又看不出同样适用于任何其他白色事物的东西。作为对我们实际心理过程的描述，这在很大程度上无疑是正确的。例如在几何学中，当我们想证明关于所有三角形的某种东西时，我们会画一个特殊的三角形并对其进行推理，同时又小心翼翼地避免使用它与其他三角形不共有的任何特性。为了避免出错，初学者常常发现画出若干个尽量彼此不同的三角形是很有用的，这样可以确保他的推理对所有三角形都同样适用。

然而一旦我们自问如何知道一个事物是白的或者是一个三角形，问题就来了。如果我们希望避免白和三角形性这两个共相，我们就应该选择某块特殊的白色或某个特殊的三角形，并说任何东西只要真正相似于我们选择的殊相，就都是白的或者是三角形。但这样一来，所需的相似性就必须是一个共相。由于有许多白的东西，所以这种相似性必定存在于许多对特殊的白的东西之间，这就是一个共相的特征。说每一对白的东西都有一种不同的相似性，这是无用的，因为那样一来我们就不得不说，这些相似性是彼此相似的，因此我们最终将不得不承认相似性是一个共相。所以相似关系必定是一种真正的共相。既然不得不承认这种共相，我们发现，发明一种令人难以置信的晦涩理论来避免承认像白和三角形这样的共相已经不再值得。

贝克莱和休谟未能察觉到这种对他们拒斥"抽象观念"所做的反驳，因为和他们的对手一样，他们只想到了性质，而完全忽视了作为共相的关系。因此，在这方面，与经验论者不同，唯理论者似乎是正确的，尽管由于对关系的忽视或否认，唯理论者所做的推论可能比经验论者所做的推论更容易出错。

既然已看到必然存在着像共相这样的东西，那么下一个要证明的要点就是，它们的存在不仅是心灵的。这就是说，凡是属于共相的东西，都不依赖于心灵对它们的思考，或以任何方式对它们的领会。我们在上一章的结尾已经触及了这个主题，但现在必须更详细地考虑，属于共相的究竟是什么东西。

考虑这样一个命题："爱丁堡在伦敦以北。"这里有两个地方之间的一种关系，而且这种关系显然独立于我们对它的认识而存在。当我们认识到爱丁堡在伦敦以北时，我们认识到了某种只与爱丁堡和伦敦有关的东西：我们并非因为知道这个命题而使之为真，恰恰相反，我们只是理解了一个在我们知道它之前就已存在的事实。即使没有人知道南和北，即使宇宙中根本不存在心灵，爱丁堡所处的那部分地球表面也会在伦敦所处的地方以北。当然，许多哲学家都否认这一点，不论是出于贝克莱的理由还是康德的理由。但我们已经考虑了这些理由，并认为它们是不恰当的。因此，我们现在可以认为，"爱丁堡在伦敦以北"这一事实中没有预设任何心灵上的东西。但这一事实包含了"以北"这种关系，而它是一个共相；如果作为该事实一个组成部分的"以北"关系的确包含了某种心灵上的东西，那么整个事实就不可能不包含任何心灵上的东西。因此我们必须承认，关系就像它所涉及的关系项一样，并不依赖于思想，而是属于思想所理解但并不为它所创造的那个独立的世界。

然而这个结论遇到了一个困难，即"以北"这种关系似乎并不在爱丁堡和伦敦存在的意义上存在。如果我们问"这种关系存在于何时何地？"那么答案一定是

"无时无地"。我们无法在任何地方或时间找到"以北"这种关系，它既不存在于伦敦，也不存在于爱丁堡，因为它把两者联系起来，并且中立于它们。我们也不能说它存在于某个特定的时间。现在，所有能被感官或内省所领会的事物都存在于某个特定的时间。因此，"以北"这种关系与这些事物是截然不同的，它既不在空间里，也不在时间里，既不是物质的，也不是心灵的，然而它是某种东西。

在很大程度上，正是那种属于共相的非常特殊的存在，才使许多人认为共相其实是心灵上的。我们可以想到一个共相，于是我们的思想就像任何其他心灵活动一样，在一种完全普通的意义上存在着。例如，假设我们想到的是白，于是在某种意义上可以说，白"在我们的心灵之中"。这里出现了我们在第四章讨论贝克莱时所指出的那种模糊性。从严格的意义上，在我们心灵之中的不是白，而是想到白的那种活动。我们同时注意到，与之相关的"观念"一词的模糊性在这里也引起了混淆。在这个词的某种意义上，即在它表示思想活动的对象的意义上，白是一种"观念"。因此，如果这种模糊

112

性没有得到防范，我们便可能认为，白是另一种意义上的"观念"，即一种思想活动。于是，我们渐渐认为白是心灵上的。但在这样思考时，我们就剥夺了它本质上的普遍性。一个人的思想活动必然不同于另一个人的思想活动。一个人在一段时间的思想活动也必然不同于他在另一段时间的思想活动。因此，如果"白"是思想，而不是思想的对象，那么任何两个不同的人都不能想到它，也没有人能想到它两次。关于白的许多不同思想有一个共同的东西，那就是它们的对象，而这个对象不同于所有这些思想。因此，共相并不是思想，尽管在被认识时它们是思想的对象。

我们将会发现，只有当事物在时间之中时，也就是说，当我们能够指出它们存在于某个时间时（这并不排除它们永远存在的可能性），我们才能方便地谈论事物的存在。因此，思想和感觉，心灵和物理对象，都是存在的。但共相并不是在这个意义上存在的；我们会说，它们永存着，或者具有实在，这里的"实在"与"存在"相对立，因为"实在"是无时间的。因此共相的世界也可以称为"实在的世界"。实在的世界是不变的、严格的、精确的，对于数学家、逻辑学家、形而上体系的构建者，以及所有热爱完美胜于热爱生命的人来说是令人愉悦的。而存在的世界则是短暂的、模糊的，没有清晰的边界，没有任何明确的计划或安排，但它包含着所有思想和感受、所有感觉材料及所有物理对象，包含着任何可以行善或作恶的东西，任何可以改变生活价值和世界的东西。根据我们性情的不同，我们会偏爱沉思其中某一个世界。在我们看来，我们不偏爱的那个世界有可能只是我们偏爱的那个世界的一个苍白的影子，在任何意义上都不值得被认为是实在的。但事实上，两个世界都要求我们同样地予以关注，两者都是真实的，对于形而上学家来说都很重要。事实上，我们一把这两个世界区分开来，就需要考虑它们之间的关系了。

但首先，我们必须考察我们关于共相的知识。这将是下一章所要考虑的内容，我们会发现，它解决了最初促使我们讨论共相的先验知识的问题。

第十章

论我们关于共相的知识

就一个人在某一特定时间的知识而言，共相和殊相一样，也可以分为通过亲知而知道的共相、只有通过描述而知道的共相，以及既非通过亲知亦非通过描述而知道的共相。

让我们先来考虑通过亲知而得到的关于共相的知识。首先，很显然，我们亲知白、红、黑、甜、酸、响、硬等共相，也就是说，我们亲知在感觉材料中得到例证的性质。当我们看到一块白色时，我们首先亲知了这块特殊的白色。但是通过看到许多块白色，我们很容易学会把它们共有的白抽象出来，在学习这样做的过程中，我们就是在学习亲知白。类似的过程将使我们亲知同类的任何其他共相。这类共相可被称为"可感性质"。与任何其他共相相比，它们不需要太多的抽象努力就能被理解，而且与其他共相相比，它们似乎不那么脱离殊相。

接下来是关系。最容易理解的关系是单个复杂感觉材料的不同部分之间的关系。例如，我一眼就能看到我正在书写的这页纸的全部，因此整个这页纸都包含在一种感觉材料中。但我觉察到，这页纸的某些部分在另一些部分的左边，有些部分在另一些部分的上面。在这个例子中，抽象过程似乎是这样进行的：我相继看到若干感觉材料，其中一部分在另一部分的左边；我发现，就像在不同块白色的例子中一样，所有这些感觉材料都有某种共同的东西，通过抽象，我发现它们所共有的东西就是其各个部分之间的某种关系，也就是我所说的"在……左边"等关系。这样一来，我便亲知了关系这种共相。

以同样的方式，我也意识到了时间中的前后关系。假设我听到了一组钟的声音：当最后一个钟的声音响起时，我能把整个钟声留在我的心中，而且我能觉察到较早的钟声出现在较晚的钟声之前。在记忆中我也觉察到，我所回想的东西出现在当下的时间之前。从这两个来源中的任何一个，我都可以抽象出前后关系这种共相，就像我抽象出"在……左边"的关系这种共相一样。因此，时间关系就像空间关系一样，是我们所亲知的。

相似性是我们以大体上相同的方式亲知的另一种关系。如果我同时看到了两种色度的绿，我可以看到它们彼此相似；如果我还看到了某种色度的红，则我可以看到，这两种绿色彼此之间的相似性要大于其中某一种绿色与这种红色之间的相似性。这样一来，我便亲知了相似性这种共相。

在共相之间，就像在殊相之间一样，有一些关系是我们可以直接意识到的。我们已经看到，我们能够觉察出两种绿色之间的相似性要大于一种红色与一种绿色之间的相似性。这里我们讨论的是两种关系之间的关系，即"大于"。与觉察感觉材料的性质相比，我们认识这种关系虽然需要更强的抽象能力，但似乎是同样直接的，而且（至少在某些情况下）同样不容置疑。因此，既有关于感觉材料的直接知识，也有关于共相的直接知识。

现在回到先验知识的问题上来，这是我们开始考虑共相时尚未解决的一个问题，现在我们发现能以一种比以前更令人满意的方式来处理它。让我们回到"二加二等于四"这个命题。根据以上所说，这个命题显然陈述了"二"这个共相和"四"这个共相之间的关系。这便提出了一个我们现在要努力确立的命题，即一切先验知识都只涉及共相的关系。这个命题非常重要，而且对于解决我们先前关于先验知识的种种难题大有裨益。

只有当一个先验命题陈述的是，一类殊相中的所有成员都属于其他某个类，或者（说的是同一回事）具有某种属性的所有殊相也具有其他某种属性，我们的命题初看起来才是不真的。在这种情况下，我们似乎不是在讨论这种属性，而是在讨论具有这种属性的殊相。"二加二等于四"这个命题就是一个恰当的例子，因为它可以表述为"任何二加任何别的二都等于四"或"任何由两个对子组成的集合都是一个四的集合"的形式。如果我们能表明这样的陈述实际上只涉及共相，就可以认为我们的命题得到了证明。

　　要想发现命题涉及什么，一种方法就是自问，我们必须理解哪些词——换句话说，我们必须亲知哪些对象——才能理解这个命题的含义。只要我们看到命题的含义，那么显然，即使还不知道它是真是假，我们也必定已经亲知了命题所实际涉及的任何东西。运用这个检验可以看出，许多看起来与殊相有关的命题其实只与共相有关。在"二加二等于四"这个特例中，即使我们把它的含义解释成"任何由两个对子组成的集合都是一个四的集合"，只要我们知道"集合""二"和"四"是什么意思，便显然也能理解这个命题，即可以看出它断言的是什么。没有必要知道世界上所有的对子：倘若这是必需的，我们就显然不可能理解这个命题，因为对子是无限多的，不可能全被我们知道。因此，虽然我们虽然一经知道存在着这样的特殊对子，我们的一般陈述就蕴含着关于特殊对子的陈述，但它本身并没有断言或蕴含存在着这样的特殊对子，因此丝毫未对任何实际的特殊对子做出任何陈述。所做的陈述是关于"对子"这个共相的，而不是关于这个对子或那个对子的。

于是，"二加二等于四"这个陈述只涉及共相，因此任何亲知了有关共相并能觉察到该陈述所断言的共相之间关系的人都可以知道它。通过反思我们的知识，我们必须认识到这样一个事实，即我们有时能够觉察到共相之间的这种关系，因此有时能够认识一般的先验命题，比如算术命题和逻辑命题。我们以前思考这样的知识时，看起来神秘的是，它似乎能够预言和控制经验。然而现在，我们可以看出这是一个错误。与能被经验的东西相关的任何事实都不能独立于经验而被知道。我们先验地知道两个东西和另外两个东西一起组成了四个东西，但我们并不先验地知道，如果布朗和琼斯是两个人，鲁滨逊和史密斯是两个人，那么布朗、琼斯、鲁滨逊和史密斯就是四个人。原因在于，除非我们知道有布朗、琼斯、鲁滨逊和史密斯这样的人存在，否则我们根本无法理解这个命题，而这一点我们只有通过经验才能知道。因此，虽然我们的一般命题是先验的，但它在实际殊相上的一切应用都涉及经验，因而也包含经验的成分。这样一来，我们就会看到，我们的先验知识中看似神秘的东西其实基于一种错误。

如果将真正的先验判断与"所有人都会死"这样的经验概括相比较，将有助于使这一点变得更加清楚。和以前一样，这里只要理解了所涉及的共相，即人和会死，我们就能理解命题的含义。为了理解我们命题的含义，显然没有必要对整个人类进行个体的亲知。因此，先验的一般命题与经验概括之间的区别并不影响命题的含义，而是影响了命题证据的性质。在经验的情形中，证据就是特殊的事例。我们之所以相信所有人都会死，是因为我们知道有数不清的人死去的例子，而没有关于人活过一定年龄的例子。我们并非因为看到了人这个共相和会死这个共相之间的联系而相信所有人都会死的。诚然，如果生理学能够证明——假定支配生物体的一般定律是成立的——任何生物体都不可能永远存在，那么这就给出了人与会死之间的一种联系，这种联系使我们能在不求助于人会死的特殊证据的情况下断言我们的命题。但这仅仅意味着，我们的概括被归入了一种更广泛的概括之下，它的证据仍然是同一类的，但更为广泛。科学的进步不断产生这样的归并，从而为科学概括提供了一种越来越广泛的归纳基础。不过，这虽然给出了一种更大程度的确定性，但并没有给出一种不同的类型：其最终根据仍然是归纳的，也就是说仍然源于事例，而不是源于我们在逻辑和算术中拥有的那种存在于共相之间的先验联系。

关于一般的先验命题，可以看到两种相反的观点：第一种观点是，如果已知许多特殊的事例，我们也许就可以首先通过归纳而得到一般命题，而共相之间的联系也许只有到后来才被觉察到。例如，我们知道，如果分别从三角形的三个角向其对边作垂线，则这三条垂线相交于一点。我们很可能首先通过在许多情况下实际作垂线而得到这个命题，并发现它们总是相交于一点，这种经验也许会引导我们寻找并找到一般性证明。这种情况在每一位数学家的经验中都很常见。

另一种观点更有意思，在哲学上也更重要。那就是，有时我们会在连一个事例也不知道的情况下知道一个一般命题。以下面的情况为例：我们知道任何两个数都可以相乘，并且会给出第三个数，即所谓它们的积。我们知道，所有其积小于一百的整数对都已经实际乘在了一起，其积的数值记录在乘法表中。但我们也知道整数的数目是无限的，只有有限数目的整数对是人类曾经想到或者将要想到的。因此可以断言，有一些整数对是人类从来没有也永远不会想到的，它们都是其积大于一百的整数。因此，我们得出这样一个命题："所有从未被人想到也永远不会被人想到的两个整数之积都大于一百。"这是一个一般命题，它的真是不容否认的，但我们永远无法根据这种情况的性质而给出一个事例，因为我们所能想到的任意两个数都被这个命题的词项排除了。

人们常常否认这种给不出任何事例的一般命题有可能被知道，因为人们没有觉察到，要想知道这样的命题，只需要知道共相之间的关系，而不需要知道所讨论的共相的事例。然而知道这些一般命题对于许多被公认为已知的东西是至关重要的。例如，我们在前几章已经看到，与感觉材料相反，关于物理对象的知识只有通过推论才能获得，而它们并不是我们所亲知的事物。因此，我们永远不可能知道具有"这是一个物理对象"形式的任何命题，其中"这"是某种可以直接知道的东西。因此，我们关于物理对象的所有知识，都给不出任何实际事例。我们可以给出相联系的感觉材料的事例，但给不出实际物理对象的事例。因此，我们关于物理对象的知识完全依赖于给不出任何事例的一般知识的这种可能性。这也适用于我们关于他人心灵的知识，或者说，关于我们无法通过亲知来认识其事例的任何其他类事物的知识。

我们现在可以考察一下出现在我们分析过程中的知识的来源。我们首先要区分事物的知识和真理的知识。每一种知识又分为两种：一种是直接的，一种是派生的。我们把直接的事物的知识称为亲知，根据我们所知道的事物是殊相还是共相，它又由两类所组成。在殊相中，我们亲知感觉材料，（可能）也亲知我们自己。在共相中，似乎没有什么原则可以使我们断定哪些东西可以通过亲知而被认识，但这其中显然包括可感性质、空间与时间的关系、相似性及某些抽象的逻辑共相。派生的事物的知识，我们称之为描述的知识，总是既包含对某个事物的亲知，也包含真理的知识。直接的真理的知识可以称为直观知识，以这种方式知道的真理可以称为自明的真理。那些仅仅陈述在感觉中给出的东西的真

124

理、某些抽象的逻辑原则和算术原则，以及一些伦理命题（虽然不那么确定），都属于这样的真理。派生的真理的知识则是由我们通过使用自明的演绎原则从自明的真理中推论出的一切东西所构成的。

如果以上所述是正确的，那么我们所有真理的知识都依赖于我们的直观知识。因此，重要的是考虑直观知识的性质和范围，就像我们前面通过亲知来考虑知识的性质和范围一样。但真理的知识又引出了另一个问题，即错误的问题，而事物的知识则不存在这个问题。我们的一些信念被证明是错误的，因此有必要考虑我们如何能够区分知识和错误。亲知的知识不存在这个问题，因为无论亲知的对象可能是什么，只要我们不超出直接的对象，那么即使在梦中和幻觉中，也不会涉及错误：只有在我们把直接的对象即感觉材料当成某个物理对象的标志时，错误才可能出现。因此，与真理的知识有关的问题比与事物的知识有关的问题更困难。作为与真理的知识有关的第一个问题，让我们考察一下我们直观判断的性质和范围。

第十一章

论直观知识

　　有一种普遍的印象是，我们相信的一切都应该是能够证明的，或至少是极有可能得到证明的。许多人都感到，无法给出理由的信念是不合理的信念。这种观点大体上是正确的。我们几乎所有的共同信念，都要么是从、要么是能够从可以为之提供理由的其他信念中推断出来的。这种理由通常已经被遗忘了，甚至从未有意识地呈现在我们心中。例如，我们很少有人问自己，有什么理由认为我们所要吃的食物不会是毒药。然而在受到质疑时，我们觉得能够找到一个完美的理由，即使眼下还没有现成的这样的理由，而且我们的这个信念通常被证明是合理的。

但是让我们想象一个寻根究底的苏格拉底，无论我们给他什么理由，他都要求为这个理由再给出一个理由。我们迟早（也许不久）会被逼到再也找不到任何进一步理由的地步，而且几乎可以肯定，甚至在理论上也找不到进一步的理由。从日常生活的普遍信念出发，我们可以从一个点退回到另一个点，直到得出某个一般原则，或者一般原则的一个事例，该一般原则似乎非常明显，而且它本身不能从任何更明显的东西中推论出来。在日常生活的大多数问题中，比如我们的食物是否可能是有营养的而不是有毒的，我们应当回到我们在第六章讨论过的归纳原则。但超出这一点之后，似乎就没有了更进一步的后退。该原则本身常被用于我们的推理，有时是有意识的，有时是无意识的，但没有任何推理能从某个更简单的自明原则出发，把我们引向归纳原则作为它的结论。其他逻辑原则也是如此。其真理性对我们来说是显而易见的，我们用它们来构造证明，但它们自身，或者至少是其中的一些，是无法被证明的。

　　然而自明性并不限于那些无法得到证明的一般原则。承认了一定数量的逻辑原则之后，其余的原则就可以从中推论出来，但推论出的命题往往和那些未经证明就被假定的命题一样是自明的。此外，所有算术都可以从一般的逻辑原则中推论出来，而简单的算术命题，如"二加二等于四"，和逻辑原则一样是自明的。

似乎也存在一些自明的伦理原则，比如"我们应该追求善的东西"，尽管这一点更有争议。

应当指出，在一般原则的所有情况下，涉及常见事物的特殊事例比一般原则更明显。例如，矛盾律指出，任何东西都不能既具有某种性质，又不具有这种性质。这一点一经理解就很明显，但不如我们所看到的一枝特定的玫瑰不能既红又不红那样明显。（当然，有可能这枝玫瑰的一部分是红的，另一部分不是红的，或者这枝玫瑰是一种我们不知道是否应当称之为红的粉红色；但在前一种情况下，整枝玫瑰显然不是红色的，而在后一种情况下，只要我们对"红"下一个精确的定义，答案在理论上就是明确的。）通常是经由特殊的事例，我们才能看到一般原则。只有那些在处理抽象方面经验丰富的人，才能不借助于事例轻而易举地把握一般原则。

除了一般原则，另一种自明的真理是那些直接源于感觉的真理。我们称这些真理为"知觉真理"，称表达这些真理的判断为"知觉判断"。但是在这里，我们需要一定程度的注意，才能弄清楚自明真理的确切性质。实际的感觉材料既不真也不假。例如，我所看到的一块特殊的颜色就这样存在着，它不是那种或真或假的东西。诚然，存在着这样一块颜色，它有某种形状和亮度，被其他某些颜色包围着；但和感觉世界里的其他一切事物一样，这块颜色本身与真或假的事物是完全不同的，因此不能被恰当地说成是真的。因此，无论从我们的感官中可以获得什么自明的真理，都必定不同于它们所由之获得的感觉材料。

似乎有两种自明的知觉真理，尽管这两种真理归根结底可能合在一起。第一种知觉真理径直断言感觉材料存在着，而不对它做任何分析。我们看到一块红色，并且判断"存在着如此这般的一块红色"，或者更严格地说，"存在着那个"。这是一种类型的直观的知觉判断。另一种类型是在感觉对象很复杂，且我们对它做某种程度的分析时出现的。例如，如果我们看到一块圆形的红色，我们可以判断"那块红色是圆形的"。这同样是一个知觉判断，但它不同于先前的那种。在现在的这种判断中，我们有一种既有颜色又有形状的单一的感觉材料：颜色是红色的，形状是圆形的。我们的判断将材料分解成颜色和形状，然后通过声称这块红色在形状上是圆形的来重新组合它们。这种判断的另一个例子是"这个在那个右边"，其中"这个"和"那个"是同时被看到的。在这种判断中，感觉材料包含着彼此有某种关系的成分，而此判断则断言这些成分具有这种关系。

另外一类直观的判断是记忆判断，它们与感觉判断类似，但又截然不同。关于记忆的性质，存在着某种混淆的危险，因为对一个对象的记忆往往伴随着关于这个对象的意象，但意象是不可能构成记忆的。只要注意到意象是现在的，而被记住的东西是过去的，就很容易看出这一点。而且我们当然能在某种程度上将自己的意象与所记忆的对象相比较，因此常常能在一定范围内知道自己的意象在多大程度上是准确的；但除非对象而不是意象能以某种方式呈现在心灵中，否则就不可能做出这样的比较。因此，记忆的本质并不是由意象构成的，而在于把一个被认为是过去的对象直接呈现在心灵中。要不是因为这种意义上的记忆，我们根本不会知道曾经有一个过去，也不会理解"过去"这个词，就像一个天生的盲人无法理解"光"这个词一样。因此，必定存在着直观的记忆判断，我们关于过去的所有知识最终都依赖于这些判断。

然而关于记忆的问题却引出了一个困难，因为众所周知它是会出错的，因此会让人对一般直观判断的可信性产生怀疑。这个困难并不容易解决。但是让我们首先尽可能缩小它的范围。一般来说，记忆的可信性与经验的生动程度及它在时间中的靠近程度成正比。如果半分钟前隔壁的房子被闪电击中，那么我对所见所闻的记忆将会非常可靠，以至于如果怀疑是否有过闪电，那将是荒谬的。同样的道理也适用于不那么生动的经验，只要它们是最近发生的。我绝对确定半分钟前我坐在我现在坐的这把椅子上。回顾过去，我发现有些事情我相当确定，有些事情我几乎确定，有些事情我可以通过思考和回忆当时的环境来确定，还有些事情我一点也不确定。我非常确定自己今天早上吃了早餐，但如果我像一个哲学家那样对早餐漠不关心，我就会产生怀疑。至于早餐时的谈话，有些很容易记起来，有些则要费一番工夫才能记起来，有些很不确定，有些则一点也记不起来。因此，我所记得的事情的自明程度有一个连续的等级，我的记忆的可信性也有一个相应的等级。

因此，对记忆会出错这个困难的第一种回答就在于说，记忆有不同的自明程度，这些自明程度对应于记忆的不同的可信度，并且在我们关于最近发生的生动事件的记忆中达到完全的自明性和可信性。

但有些时候，我们似乎又坚信一种完全错误的记忆。在这些情况下，人们真正记得的东西，即直接呈现在心灵中的东西，很可能不是被错误地相信的东西，尽管常常与之相联系。据说乔治四世最终相信他参加过滑铁卢战役，因为他经常这样说。在这种情况下，他所直接记住的东西乃是他重复的断言；他之所以相信他所断言的东西（如果存在的话），是因为他联想起了被记住的断言，因此这种信念不是真正的记忆事例。错误记忆的事例似乎都可以用这种方法处理，也就是说，可以表明它们根本不是严格意义上的记忆事例。

记忆的例子使我们弄清楚了关于自明性的一个要

点，那就是，存在着不同程度的自明性：自明性并不是一种纯粹存在或不存在的性质，而是一种可以或多或少地存在的性质，在等级上从绝对的确定性一直到模糊得几乎无法察觉。知觉真理和一些逻辑原则具有最高程度的自明性，直接记忆的真理具有几乎同样高的自明程度。归纳原则比其他一些逻辑原则，比如"从真前提中得出的结论必然为真"，更缺乏自明性。随着记忆变得越来越遥远和模糊，其自明性也越来越少；逻辑真理和数学真理变得越复杂，（一般来说）其自明性就越少。关于内在的伦理或美学价值的判断往往有某种自明性，但程度没那么高。

自明性的不同程度在知识论中很重要，因为如果命题（似乎是可能的）不为真却又有某种程度的自明性，那么就没有必要放弃自明性与真之间的所有联系，而只是说，在发生冲突时，保留更自明的命题，拒绝不那么自明的命题。

然而两个不同的概念似乎极有可能结合在以上解释的"自明性"当中：其中一个概念对应于最高程度的自明性，它其实是对真理的一种绝对可靠的保证；另一个概念则对应于所有其他程度的自明性，它并不能给出绝对可靠的保证，而只是给出一种程度或高或低的假定。不过，这只是一个建议，我们还不能对它做进一步阐发。待我们讨论了真理的本性之后，我们将联系知识和错误的区分回到自明性的主题上来。

第十二章

真和假

　　与事物的知识不同，真理的知识有一个反面，即错误。就事物而言，我们可能知道它们，也可能不知道它们，然而没有一种明确的心灵状态可以被称为对事物的错误认识，至少当我们局限于亲知的知识时是如此。我们亲知的任何东西都必定是某种东西，我们可以从我们的亲知中得出错误的推论，但亲知本身是不会骗人的。因此，就亲知而言，不存在二元论。但真理的知识却有一种二元论。我们既可能相信真的东西，也可能相信假的东西。我们知道，在许多问题上，不同的人持有不同的和不相容的观点，因此有些信念一定是错误的。由于错误的信念往往和正确的信念一样被人坚定地秉持，所以如何将它们与正确的信念区分开来就成了一个难题。在特定的情况下，我们是如何知道我们的信念不是错误的呢？这是一个非常困难的问题，不可能做出完全令人满意的回答。不过，有一个预备性问题要容易得多，那就是：真和假是什么意思？本章所要考虑的正是这个预备性的问题。

在本章，我们不是问如何才能知道一个信念是真的还是假的，而是问，一个信念是真的还是假的这个问题是什么意思。我们希望，对这个问题的明确回答可以帮助我们回答什么信念是真的这个问题，但目前我们只问"什么是真？"和"什么是假？"而不问"什么信念是真的？"和"什么信念是假的？"把这些不同的问题完全分开是非常重要的，因为它们之间的任何混淆都必定会产生一个对两者都不适用的答案。

在试图发现真之本性时，有三点值得注意，这是任何理论都必须满足的三个必要条件。

（1）我们的真理理论必须容许真的反面——假。许多哲学家都未能充分满足这一条件：他们构造了一些理论，根据这些理论，我们所有的思想都应该是真的，但却很难为假找到一席之地。在这方面，我们的信念理论必定不同于我们的亲知理论，因为在亲知的情况下，没有必要考虑任何相反的东西。

（2）如果没有信念，那么似乎显然，既不会有假，也不会有真，因为真与假是相关的。如果我们想象一个纯粹物质的世界，那么在这样一个世界里将不会有假的位置，虽然这个世界可以包含所谓的"事实"，但在真与假是同一类事物的意义上，它不会包含任何真。事实上，真和假是信念和陈述的属性，因此一个纯粹物质的世界由于不包含信念或陈述，也就不包含真或假。

（3）但是与刚才所述相反，应当注意，一个信念的真或假总是取决于信念本身以外的东西。如果我相信查理一世死在断头台上，那么我的信念之所以为真，并非因为我的信念具有某种只需考察信念就可以发现的内在性质，而是因为发生在两个半世纪以前的一个历史事件。如果我相信查理一世死在了他的床上，那么我的信念就是假的：无论我的信念有多么生动，或者在获得这个信念时有多么谨慎，都无法防止它为假，这同样是因为在很久以前发生的事情，而不是因为我的信念的任何内在属性。因此，虽然真和假是信念的属性，但这些属性依赖于信念与其他事物的关系，而不依赖于信念的任何内在性质。

上述第三个必要条件使我们接受了一种在哲学家当中普遍存在的观点，即真就在于信念与事实之间的某种形式的符合。然而要想找到一种没有无可辩驳的反对意见的符合形式绝非易事。部分是因为这一点——部分是因为人们认为，倘若真就在于思想与思想以外的某种东西的符合，那么思想就永远不会知道真理是何时获得的——许多哲学家都试图找到对真的某种定义，它并不把真定义为信念与完全在信念以外的某种东西的关系。提出这类定义的最重要的尝试是这样一种理论，即认为真在于融贯性。据说，假的标志就在于我们的各种信念无法融贯，而真的本质就在于构成了被称为真理的完整系统的一部分。

然而这种观点有一个很大的困难，或者更确切地说，有两个很大的困难：第一个困难是，没有理由认为只可能存在一个融贯的信念系统。一个拥有充分想象力的小说家也许会为这个世界创造一个过去，它完全符合

138

我们已知的东西，但又与实际的过去大不相同。在更多的科学问题上，肯定经常有两个或两个以上的假说能够解释某个主题的所有已知事实。在这些情况下，虽然科学家力图找到一些事实将所有假说排除得只剩一个，但没有理由解释为什么那些假说总会成功。

在哲学中，两个对立的假说都能解释所有事实，似乎也并不罕见。例如，生命可能是一场漫长的梦，外部世界只有梦中的对象所具有的那种实在程度。但是尽管这样一种观点似乎与已知的事实并不矛盾，但我们没有理由选择它，而不选择认为其他人和事物确实存在的常识观点。因此，融贯性作为真之定义是不成功的，因为没有证据表明只能有一个融贯的系统。

对这个真之定义的另一种反对意见是，它假定"融贯性"的含义为已知的，而事实上，"融贯性"是以逻辑法则的真为前提的。当两个命题都可能为真的时候，两个命题是融贯的；当至少一个命题为假的时候，两个命题就是不融贯的。现在，为了知道两个命题是否都为真，我们必须知道像矛盾律这样的真理。例如，"这棵树是山毛榉"和"这棵树不是山毛榉"这两个命题因为矛盾律是不融贯的。但如果检验矛盾律本身的融贯性，我们就会发现，如果我们选择假设它为假，则任何事物都将不再与任何其他事物不融贯。因此，逻辑法则为融贯性检验的应用提供了框架，而逻辑法则本身则不能通过这种检验来确立。

基于以上两个理由，不能认为融贯性给出了真之含义，尽管融贯性常常是在已知一定程度的真之后对真的一项非常重要的检验。

因此，我们被迫回到与构成了真之本性的与事实的符合上来。我们还需要精确定义我们所说的"事实"是什么意思，以及在信念与事实之间必须存在何种符合，才能使信念可能为真。

根据我们的三个必要条件，我们必须寻找这样一种真理理论，它①容许真有对立面，即假；②使真成为信念的一种属性；但③使真成为一种完全依赖于信念与外界事物之间关系的属性。

如果必须容许假，我们就不可能把信念看成心灵与可说是所相信之物的单一对象之间的关系。如果这样看待信念，我们就会发现，信念和亲知一样，不会容许真与假的对立，而必须始终为真。这一点可以用例子来加以说明。奥赛罗错误地相信苔丝狄蒙娜爱卡西奥。[1]我们不能说这个信念就在于奥赛罗与"苔丝狄蒙娜对卡西奥的爱"这个单一对象的关系，因为如果存在这样一个对象，这个信念就是真的。事实上，根本不存在这样的对象，因此奥赛罗不可能与这样一个对象有任何关系。因此，他的信念不可能在于与这个对象的关系。

可以说，他的信念是与另一个对象，即"苔丝狄蒙娜爱卡西奥"的关系；但是当苔丝狄蒙娜不爱卡西奥时，假定存在着这样一个对象，几乎和假定存在着"苔丝狄蒙娜对卡西奥的爱"一样困难。因此，最好是寻求这样一种信念理论，它不会使信念在于心灵与单一对象的关系。

人们通常认为，关系似乎总是存在于两项之间，但事实上，情况并非总是如此。有些关系需要三项，有些需要四项，等等。以"在……之间"这种关系为例。如

1　参见莎士比亚戏剧《奥赛罗》。奥赛罗听信谎言，以为妻子苔丝狄蒙娜爱上了自己的部将卡西奥，于是将妻子杀死，得知真相后悔恨自杀。——译注

141

果只有两项参与其中，那么"在……之间"这种关系就是不可能的：要使之成为可能，至少要有三项。比如约克在伦敦和爱丁堡之间；但如果世界上只有伦敦和爱丁堡这两个地方，那么就不可能有任何东西在一个地方和另一个地方之间。同样，嫉妒需要三个人：如果不涉及至少三个人，这种关系是不可能存在的。像"A 希望 B 促成 C 与 D 的婚姻"这样的命题涉及四项之间的关系；也就是说，A、B、C、D 都参与其中，所涉及的关系只可能用一种涉及这四项的形式来表达。事例还可以无限增加，但我们所说的已经足以表明，有些关系需要两个以上的项才能发生。

如果要适当地容许假，那么判断或相信所涉及的关系就必须被视为若干项而不是两项之间的关系。当奥赛罗相信苔丝狄蒙娜爱卡西奥的时候，他心中一定不会有"苔丝狄蒙娜对卡西奥的爱"或"苔丝狄蒙娜爱卡西奥"这样一个对象，因为那将要求独立于任何心灵而存在的客观的假。这虽然在逻辑上无法反驳，但却是一个应当尽可能避免的理论。因此，如果我们把判断理解成心灵和相关的各个对象都分别出现于其中的一种关系，那么假就更容易得到解释了；也就是说，苔丝狄蒙娜、爱和卡西奥必须都是在奥赛罗相信苔丝狄蒙娜爱卡西奥时存在的关系中的项。因此，这种关系是一个四项关系，因为奥赛罗也是这种关系中的一项。当我们说它是一个四项关系时，我们并不是说奥赛罗与苔丝狄蒙娜有某种关系，与爱有同样的关系，与卡西奥也有同样的关系。除了相信，别的关系也可能是这样；但是显然，相信并不是奥赛罗与相关三项中的每一项之间的关系，而是与所有这三项之间的关系：相关的相信关系只有一个例子，但这个例子把四项都联合在了一起。因此，在奥赛罗怀有自己信念的那一刻，实际发生的事情是，被称为"相信"的关系正在把奥赛罗、苔丝狄蒙娜、爱和卡西奥这四项联合成了一个复合整体。所谓信念或判断，不过是这种相信或判断的关系罢了，这种关系把一个心灵与它自身之外的若干事物联系起来。信念行为或判断行为，就是在某一特定时间在某些项之间发生的相信或判断关系。

我们现在能够理解是什么东西把真判断与假判断区分开来了。为此，我们将采用某些定义。在每一个判断行为中，都有一个进行判断的心灵，也有它所判断的项。我们称这个心灵为判断中的主体，称其余的项为对象。因此，当奥赛罗判断苔丝狄蒙娜爱卡西奥时，奥赛罗是主体，苔丝狄蒙娜、爱和卡西奥是对象。主体和对象一起被称为判断的成分。可以看出，判断关系具有所谓的"意义"或"方向"。打个比方说，它把它的对象置于某种次序中，我们可以用句子中语词的次序来表示这种次序。（在屈折语中，同样的事情将通过屈折变化，比如主格与宾格的区别来表示。）奥赛罗关于卡西奥爱苔丝狄蒙娜的判断不同于他关于苔丝狄蒙娜爱卡西奥的判断，尽管这两个判断是由相同的成分组成的，因为在这两种情况下，判断关系把成分置于不同的次序中。同样，如果卡西奥判断苔丝狄蒙娜爱奥赛罗，那么判断的成分仍然是一样的，只是次序有所不同。具有一个"意义"或"方向"，这是判断关系和其他一切关系所共有的属性。关系的"意义"是次序、序列和许多数学概念的最终来源，但我们无须进一步讨论这方面的问题。

我们说过，这种被称为"判断"或"相信"的关系把主体和对象联合成为一个复合整体。在这方面，判断和任何其他关系完全一样。当两个或多个项之间存在某种关系时，它把这些项联合成为一个复合整体。如果奥赛罗爱苔丝狄蒙娜，那么就有"奥赛罗对苔丝狄蒙娜的爱"这样一个复合整体。被这种关系联合起来的各个项本身可能是复合的，也可能是简单的，但它们联合成的整体必然是复合的。哪里有把某些项联系起来的关系，哪里就有由这些项联合而成的复合对象；反之，哪里有复合对象，哪里就有把它的各个成分联系起来的关系。当一种相信行为发生时，就有一个复合的东西，在这个复合的东西中，"相信"是把各个项联合起来的关系，主体和对象被"相信"关系的"意义"排成了某种次序。正如我们在考虑"奥赛罗相信苔丝狄蒙娜爱卡西奥"时所看到的，在对象中必定有一个关系——这里的关系是"爱"。但出现在相信行为中的这种关系，并不是创造了由主体和对象组成的复合整体的统一性的那种关系。出现在相信行为中的"爱"这种关系是对象之一 ——它是建筑物中的一块砖，而不是水泥。水泥是"相信"关系。当这个信念是真的时，就有另一个复合的统一体，在这个统一体中，作为信念对象之一的关系将其他对象联系在一起。因此，举例来说，如果奥赛罗真的相信苔丝狄蒙娜爱卡西奥，那么就有一个复合的统一体"苔丝狄蒙娜对卡西奥的爱"，它完全由该信念的对象按照它们在信念中的次序所构成，并且具有作为对象之一的关系，这种关系现在作为将信念的其他对象结合在一起的水泥而出现。另外，当一个信念是假的时，就不存在这种只由信念的对象所构成的复合统一体。如果奥赛罗错误地相信苔丝狄蒙娜爱卡西奥，那么就没有"苔丝狄蒙娜对卡西奥的爱"这样的复合统一体。

因此，当一个信念符合某个相关的复合体时，它就是真的；否则，它就是假的。为了明确这一点，假设信念的对象是两个项和一个关系，而各个项被相信的"意义"置于某种次序中，那么如果这种次序的两个项被那种关系结合成一个复合体，则这个信念就是真的；如果不是，则它就是假的。这便构成了我们所寻找的真和假的定义。判断或相信是某个复合的统一体，心灵是它的一个成分；如果其余的成分按照它们在信念中的次序组成了一个复合统一体，则这个信念就是真的；如果不是，则它就是假的。

因此，虽然真和假都是信念的属性，但它们在某种意义上都是外在属性，因为信念的真之条件并不涉及信念，或者（一般地）不涉及任何心灵而只涉及信念的对象。一个相信的心灵，当存在一个不涉及心灵、而只涉及心灵对象的与之符合的复合体时，它才正确地相信。这种符合确保了真，而它的缺失则意味着假。因此，我们同时说明了两个事实：①信念的存在依赖于心灵；②信念的真则不依赖于心灵。

我们的理论可以重述如下：如果以"奥赛罗相信苔丝狄蒙娜爱卡西奥"这样一个信念为例，我们把苔丝狄蒙娜和卡西奥称为对象－项，而把爱称为对象－关系。如果存在"苔丝狄蒙娜对卡西奥的爱"这样一个复合统一体，它是由对象－关系所联系起来的对象－项按照它们在信念中的次序所构成的，则这个复合统一体就被称为与信念相符合的事实。因此，存在符合的事实时，信念是真的；不存在符合的事实时，信念是假的。

我们将看到，心灵不创造真或假。心灵创造信念，然而一旦信念被创造出来，心灵就无法使它们成为真的或假的，除非是在它们涉及像乘火车这样为相信者所能把握的未来事物的特殊情况下。使一个信念为真的是某个事实，而该事实（除了在特殊情况下）绝不涉及信念持有者的心灵。

既已确定我们所说的真和假的含义，接下来我们要考虑有什么办法可以知道某个信念是真的还是假的。我们将在下一章讨论这个问题。

第十三章

知识、错误和可能的意见

与我们在上一章讨论的真和假的含义问题相比，我们如何知道什么是真的及什么是假的，这个问题要有趣得多。本章将主要讨论这个问题。毫无疑问，我们的一些信念是错误的。因此，我们不禁要问，我们究竟能有多大把握说某个信念不是错误的呢？换句话说，我们究竟是能够知道些东西呢，还是仅仅因为有时运气好才相信了真的东西？然而在回答这个问题之前，我们必须首先确定我们所说的"知道"是什么意思，而这个问题并不像人们想象的那么简单。

初看起来，我们也许会认为，知识可以被定义为"真的信念"。当我们所相信的东西为真时，也许就会认为，我们已经获得了关于我们所相信的东西的知识。但这并不符合这个词的常见用法。举一个非常平凡的例子：如果一个人相信已故首相的姓氏以 B 开头，那么他就相信了真的东西，因为已故首相是亨利·坎贝尔·班纳曼爵士（Sir Henry Campbell Bannerman）。但如果他相信鲍尔弗（Balfour）先生是已故的首相，他仍然会相信这位已故首相的姓氏以 B 开头，然而这个信念虽然是真的，却不会被认为构成了知识。如果一份报纸在收到任何给出结果的电报之前，就以明智的预言宣布了一场战役的结果，那么它也许因为运气好而宣布了后来被证明是正确的结果，而且可能会让一些缺乏经验的读者相信这个结果。但尽管他们的信念为真，却不能说他们具有知识。由此可见，从假信念中推论出来的真信念并不是知识。

同样，如果一个真信念是由一个谬误的推理过程推论出来的，那么即使推论它的前提是真的，它也不能被称为知识。如果我知道所有希腊人都是人，而苏格拉底是人，于是我推断苏格拉底是希腊人，那么就不能说我知道苏格拉底是希腊人，因为虽然我的前提和结论都是真的，但结论并不是从前提中推论出来的。

但我们能否说，除了从真前提中有效地推论出来的东西以外，没有什么东西是知识呢？显然，我们不能这么说。这样一个定义既太宽又太窄。首先，它太宽了，因为光有我们的前提是真的还不够，它们还必须是已知的。那个相信鲍尔弗先生是已故首相的人，可以从已故首相的名字以 B 开头这个真前提中导出有效的推论，但不能说他知道通过这些推论而得出的结论。因此，我们必须修正我们的定义，说知识就是从已知的前提中有效地推论出来的东西。然而这是一个循环定义：它假设我们已经知道"已知的前提"是什么意思，因此它最多只能定义一种知识，我们称之为派生知识，而不是直观知识。我们可以说："派生知识就是从直观上已知的前提中有效地推论出来的东西。"这种说法没有形式上的缺陷，但我们仍然需要寻求直观知识的定义。

让我们先把直观知识的问题放在一边，考虑一下上面提出的派生知识的定义。反对它的主要理由是它过度地限制了知识。常常发生这样的情况：人们持有一种真信念，这种信念之所以在他们心中产生，是因为这种信念可以从某种直观知识中有效地推论出来，但实际上并不是通过任何逻辑过程推论出来的。

以通过阅读而产生的信念为例。如果报纸上宣布了国王的死讯，我们就有充分的理由相信国王已经死了，因为如果这是假的，国王的死讯就不会被宣布。我们有充分的理由相信，报纸断言国王已经死了。但是在这里，我们的信念所基于的直观知识是关于感觉材料存在的知识，而这种感觉材料来源于我们看到了提供消息的印刷文字。这种知识很少被意识到，除非一个人缺乏阅读能力。一个孩子可能会意识到字母的形状，并且逐渐地、痛苦地意识到它们的含义。但凡是习惯于阅读的人立刻就会明白这些字母的意思，而且除非经过反思，他不会觉察到自己已经从被称为"看到印刷字母"的感觉材料中获得了这种知识。因此，尽管从字母到其含义的有效推理是可能的，而且能够由读者来执行，但它并没有被实际执行，因为读者实际上并没有执行任何可以被称为逻辑推理的操作。然而如果说读者不知道报纸宣布了国王的死讯，那就太荒谬了。

因此，但凡是直观知识的结果，即使只通过联想而获得，只要存在一种有效的逻辑联系，而且相关的人能够通过反思而意识到这种联系，我们就必须承认它是派生知识。事实上，除了逻辑推理，我们还有许多方法可以从一种信念过渡到另一种信念：从印刷文字过渡到其含义就是一个例子。这些方法可以被称为"心理推理"。于是，只要存在着一种与心理推理平行的可发现的逻辑推理，我们就将承认这种心理推理是获得派生知识的一种手段。这使得我们对派生知识的定义没有我们所希望的那么精确，因为"可发现的"一词是模糊的：它并没有告诉我们为了做出这种发现需要多少反思。但事实上，"知识"并不是一个精确的概念，它是与"可能的意见"合为一体的，我们将在本章就这一点做出更充分的说明。因此，不应寻求一个非常精确的定义，因为任何这样的定义都或多或少具有误导性。

然而关于知识的主要困难并非出在派生知识上，而是出在直观知识上。只要我们讨论的是派生知识，我们就可以依靠直观知识对其进行检验。但是关于直观的信念，要想找出某个标准来区分哪些为真、哪些为假，则绝非易事。在这个问题上，几乎不可能得出任何非常精确的结论：我们关于真理的所有知识都受到某种程度的怀疑，而忽视这一事实的理论显然是错误的。不过，我们可以采取一些措施来减轻这个问题的困难。

首先，我们的真理理论提供了一种可能性，即在确保绝对无误的意义上区分出某些自明的真理。我们说过，当一个信念为真时，就有一个与之符合的事实，在这个事实中，该信念的若干个对象构成了单一的复合体。只要这个信念满足我们在本章一直在讨论的另外那些有些模糊的条件，我们就说该信念构成了关于这一事实的知识。但就任何事实而言，除了由信念构成的知识，我们还可以拥有由知觉（从最宽泛的意义上来理解这个词）构成的知识。例如，如果你知道日落的时刻，你可以在那个时刻知道太阳正在落山这一事实：这是通过真理的知识而来的关于事实的知识。但如果天气好，你也可以向西实际看到正在落山的太阳：那样一来，你就通过事物的知识而知道了同样的事实。

因此，对于任何复合的事实，从理论上讲，有两种方式可以知道它：①通过一个判断，在这个判断中，它的若干部分被认定为按照实际相关的方式关联在一起；

②通过对这个复合事实本身的亲知，这种亲知在很大的意义上可以被称为知觉，尽管它绝不限于感官的对象。我们将会注意到，知道一个复合事实的第二种方式，即亲知的方式，只有在确实存在这样一个事实的情况下才是可能的，而第一种方式，就像所有判断一样，是容易出错的。第二种方式把复合整体给予我们，因此只有当这个整体的各个部分确实具有使它们结合成这样一个复合体的那种关系时，第二种方式才是可能的。与此相反，第一种方式则把各个部分和那种关系分别给予我们，并且只要求各个部分和那种关系是实在的：那种关系并不一定以那种方式将各个部分联系在一起，但判断是可以发生的。

我们还记得，在第十一章的结尾，我们曾经提出有两种自明性：一种提供了对真的绝对保证，另一种则只提供了部分保证。我们现在可以对这两种自明性加以区分了。

当我们亲知了与一个真理相符合的事实时，我们就可以说，从首要和最绝对的意义上，此真理是自明的。当奥赛罗相信苔丝狄蒙娜爱卡西奥时，如果他的信念是真的，那么与之相符合的事实将是"苔丝狄蒙娜对卡西奥的爱"。这是一个除了苔丝狄蒙娜以外谁也不可能亲知的事实，因此在我们所考虑的自明的意义上，苔丝狄蒙娜爱卡西奥这个真理（如果它是真理的话）只对苔丝狄蒙娜才是自明的。所有心灵事实，以及所有关于感觉材料的事实，都具有这种私人性：在我们目前讨论的这种意义上，它们只相对于一个人才是自明的，因为只有一个人才能亲知心灵的事物或相关的感觉材料。因此，关于任何特殊存在事物的事实都不可能对于一个以上的人是自明的。而关于共相的事实则没有这种私人性。许多心灵都可以亲知同样的共相，因此许多不同的人都可以通过亲知而知道共相之间的关系。每当我们通过亲知而知道一个由某些项按照某种关系组成的复合事实时，我们就说这些项被如此关联起来这一真理具有首要的或绝对的自明性。在这些情况下，这些项被如此关联起来这一判断就必定为真，因此这种自明性是对真的绝对保证。

然而尽管这种自明性是对真的绝对保证，但它并不能使我们在任何给定的判断中绝对确信该判断是真的。

假定我们首先知觉到"太阳在照耀"这样一个复合事实，并进而做出"太阳在照耀"这一判断。在从知觉过渡到判断的过程中，有必要将这个给定的复合事实分解开来：我们必须把"太阳"和"照耀"作为事实的成分加以分离。在这个过程中可能会出错，因此即使一个事实具有首要的或绝对的自明性，一个被认为符合该事实的判断也不是绝对不错的，因为它实际上可能并不符合该事实。但如果它的确符合（在上一章解释的意义上），则它必定是真的。

第二种自明性首先属于判断，而不是从对作为单一复合整体的某个事实的直接知觉中获得的。第二种自明性有不同的程度，从最高程度一直到支持信念的纯粹倾向。例如，一匹马沿着一条难走的路从我们身边跑过。起初，我们完全相信自己听到了马蹄声；渐渐地，如果我们认真倾听，就会有那么一刻我们认为，这种声音也许是幻觉，或是楼上拉窗帘的声音，或是我们自己的心跳声；最后，我们开始怀疑是否有任何声音；然后我们认为我们不再听到任何东西，最后我们知道我们不再听到任何东西。在此过程中有一个从最高程度到最低程度的连续的自明性等级，该等级不在感觉材料本身中，而在基于它们的判断中。

再者，假设我们在比较两种色度的颜色，一种是蓝色的，一种是绿色的。我们可以肯定，它们是不同色度的颜色；但若使绿色变得越来越像蓝色，先是变成蓝绿色，然后变成绿蓝色，然后变成蓝色，那么终有一刻，我们会怀疑自己能否看出什么差异，然后又会有一个时刻，我们知道自己看不出任何差异。同样的事情也会发生在乐器的调音上，或者任何其他有连续等级的情况下。因此，这种自明性是一个程度问题，而且较高程度似乎显然比较低程度更可信。

在派生知识中，我们的最终前提必须有某种程度的自明性，它们与由此导出的结论之间的联系也必须如此。以几何学中的一段推理为例：我们开始时所依据的公理是自明的，这是不够的；在推理的每一步，前提与结论之间的联系也必须是自明的。在困难的推理中，这种联系往往只有很小程度的自明性。因此，在困难很大的地方，推理的错误并非不可能。

由以上所述可以明显看出，无论是关于直观知识还是关于派生知识，如果我们假设直观知识的可信性程度与其自明性程度成正比，那么将会存在一个可信性的等级，从可以被认为相当确定的值得注意的感觉材料的存在，以及更为简单的逻辑和算术真理，一直到似乎只比其对立面多一点可能的判断。我们坚信的东西如果是真的，就被称为知识，它要么是直观的，要么是可以从逻辑上导出它的直观知识中（逻辑地或心理地）推论出来的。我们坚信的东西如果不是真的，就被称为错误。我们坚信的东西如果既不是知识，也不是错误，则被称为可能的意见；而且我们带着犹豫相信的东西，也可以被称为可能的意见，因为它是某种不具有最高程度自明性的东西，或者是从这种东西中产生的。因此，通常被认为是知识的东西，大部分都或多或少是可能的意见。

关于可能的意见，我们可以从融贯性中得到很大帮助，我们拒绝把融贯性当作真理的定义，但可以经常把它用作一种标准。一组可能的意见如果是彼此融贯的，就会比其中任何一个意见更有可能性。正是通过这种方式，许多科学假说才获得了它们的可能性。它们被纳入了一个由可能的意见组成的融贯系统，从而变得比单个意见更有可能。同样的道理也适用于一般的哲学假说。在单个事例中，这样的假说常常看起来非常可疑；然而当我们考虑到它们把次序和融贯性引入到大量可能的意见中时，它们就变得近乎确定了。这尤其适用于像梦与醒时生活的区分这样的问题。如果我们夜复一夜的梦就像我们的白天一样彼此融贯，我们就很难知道是该相信梦还是该相信醒时的生活。事实上，融贯性检验否定了梦，而确证了醒时的生活。但这种检验尽管在它成功的地方增加了可能性，却从未给出绝对的确定性，除非在融贯系统的某个点上已经有了确定性。因此，仅仅对可能的意见进行组织，永远不会把它变成不容置疑的知识。

第十四章

哲学知识的限度

在迄今为止谈到的关于哲学的一切中，我们几乎没有涉及在大多数哲学家的著作里占很大篇幅的许多问题。大多数哲学家——至少是很多哲学家——都宣称能够通过先验的形而上学推理来证明宗教的基本教义、宇宙本质上的合理性、物质的虚幻性、所有恶的非实在性之类的东西。毫无疑问，希望找到理由来相信这些论点，一直是许多终身研究哲学的人的主要动力。我相信，这种希望是徒劳的。关于整个宇宙的知识似乎不可能通过形而上学来获得，而提出的证明，即根据逻辑法则，如此这般的事物必须存在；如此这般的其他事物不可能存在，是经不起严格推敲的。在本章，我们将简要考察这种推理是如何进行的，以便发现我们能否希望它是有效的。

在现代，我们所要考察的这种观点的伟大代表是黑格尔（1770—1831）。黑格尔的哲学非常艰深，在如何对黑格尔的哲学做出正确的解释方面，评论家们各执一词。根据我所要采用的许多评论家（即使不是大多数评论家）的解释，他的主要论点是，未达整体的任何事物都显然是片断性的，如果没有世界其余部分的补充，就显然无法存在。这种解释给出了一种有趣而重要的哲学类型。正如比较解剖学家能从一根骨头看出整体应该是什么种类的动物，根据黑格尔的观点，形而上学家也能从任何一块实在看出整个实在应该是什么样子，至少是其大致轮廓。每一块看似分离的实在都好像有钩子，把它与下一块实在勾连在一起；而下一块实在又有新的钩子；以此类推，直到整个宇宙得到重构。根据黑格尔的观点，这种本质上的不完全性在思想世界和事物世界中都同样存在。在思想世界中，如果取某个抽象的或不完全的观念，那么经过考察就会发现，如果忘记了它的不完全性，我们就会陷入矛盾。这些矛盾将这一观念变成了它的反面或反题，为了逃避，我们必须找到一个新的相对完全的观念，它是我们原先的观念与其反题的综合。但我们会发现，这个新的观念虽然比我们开始时的观念完全一些，但仍然不够完全，而是必须过渡到它的反题中去，在一种新的综合中与之结合起来。就这样，黑格尔一直推进到他所谓的"绝对观念"，根据他的说法，绝对观念没有不完全性，没有对立面，也不需要进一步发展。因此，绝对观念足以描述绝对实在。所有较低的观念都只能以部分的观点来描述实在，而不是以同时审视整体的观点来描述实在。于是黑格尔断言：绝对实在形成了单一的和谐体系，它不在空间或时间中，没有任何程度的恶，是完全理性和完全精神的。黑格尔认为，在我们所知道的世界里，可以从逻辑上证明，任何相反的现象都完全是因为我们以一种零碎的片段性方式来看待宇宙。如果我们看到整个宇宙，就像我们假定上帝看到的那样，那么空间、时间、物质、恶、所有努力和斗争都将消失，我们看到的将是一个永恒的、完美的、不变的精神统一体。

在这种构想中，不可否认有某种崇高的东西，某种我们希望给予赞同的东西。但如果仔细考察支持它的论证，就会发现这些论证似乎包含着诸多混乱和许多毫无道理的假设。该体系所赖以建立的基本原则是，不完全的东西必定不是自存的，而是必须先得到其他东西的支持才能存在。黑格尔认为，凡是与外界事物有联系的事物，在其本性中必定包含有与这些外界事物的某种联系，因此如果这些外界事物不存在，它就不可能是其所是。例如，一个人的本性是由他的记忆和他其余的知识、他的爱和恨等构成的。因此，如果没有他所知、所爱或所恨的对象，他就不可能是其所是。他本质上明显是一个片段：若被当作实在的总和，他就会自相矛盾。

然而整个这种观点乃是基于一个事物的"本性"概念，这个概念似乎意指"关于该事物的所有真理"。当然，如果另一个事物不存在，那么将一个事物与另一个事物联系起来的真理就不可能存在。但是关于一个事物的真理并不是该事物本身的一部分，尽管根据上述用法，它必须是该事物"本性"的一部分。如果我们所谓一个事物的"本性"是指关于该事物的所有真理，那么很明显，除非我们知道一个事物与宇宙中所有其他事物的所有关系，否则我们就不可能知道该事物的"本性"。但如果在这个意义上来使用"本性"一词，我们就必须承认，当事物的"本性"不为人所知，或至少是不完全为人所知时，该事物是可以被知道的。当我们这样来使用"本性"一词时，在事物的知识与真理的知识之间就存在着一种混淆。即使我们极少知道关于一个事物的命题，我们也可以通过亲知来知道这个事物——从理论上讲，我们无须知道任何关于它的命题。因此，对一个事物的亲知并不意味着知道它在上述意义上的"本性"。虽然知道关于一个事物的任一命题意味着亲知这个事物，但并不意味着知道它在上述意义上的"本性"。因此，①对一个事物的亲知并不在逻辑上意味着知道它的各种关系；②知道它的某些关系并不意味着知道它的所有关系，也不意味着知道它在上述意义上的"本性"。例如，我可以亲知我的牙痛，这种知识可以是完全的，就像亲知的知识一向是完全的一样，而不知道牙医（他并不亲知我的牙痛）就我牙痛的原因所能告诉我的一切，从而不知道它在上述意义上的"本性"。因此，一个事物具有关系，并不能证明它的关系是逻辑上必然的。也就是说，仅从它是其所是这一事实，推不出它一定具有它事实上具有的各种关系。之所以看起来如此，仅仅是因为我们已经知道了它。

因此，我们无法证明整个宇宙就像黑格尔认为的那样形成了一个单一的和谐体系。如果我们无法证明这一点，也就无法证明空间、时间、物质和恶的非实在性，因为这种非实在性是黑格尔从这些事物的片段性和关系性中推论出来的。因此，我们只能对世界进行零敲碎打的研究，而无法知道宇宙中远离我们经验的那些部分的特征。这一结果虽然会让那些被哲学家的体系唤起希望的人感到扫兴，但却与我们这个时代归纳的和科学的性情相一致，并由我们前面几章对人类知识的整个考察所证实。

形而上学家们为了实现其大多数伟大抱负，所采取的途径都是尝试证明，现实世界如此这般的明显特征是自相矛盾的，因此不可能是实在的。然而现代思想的整个倾向却越来越倾向于表明，那些所谓的矛盾是虚幻的，而且通过思考什么东西必定存在，几乎无法先验地证明什么结论。空间和时间是一个很好的例子。空间和时间在范围上似乎是无限的，而且是无限可分的。如果我们沿一条直线朝任一方向前进，很难相信我们最后会到达一个终点，在它之外什么东西都没有，甚至连虚空也没有。同样，如果我们想象在时间中前行或后退，很难相信我们会到达一个最初的或最后的时间，以至于在它之外甚至连空的时间也没有。因此，空间和时间在范围上似乎是无限的。

再者，如果我们取一条直线上的任意两点，显然，无论它们之间的距离有多小，它们之间一定还有其他点：每一段距离都可以二分，这些二分的距离又可以二分，依此类推，以至无穷。同样，在时间上，无论两个时刻的间隔有多么短暂，它们之间显然还会有其他时刻。因此，空间和时间似乎是无限可分的。但与这些明显的事实——无限的范围和无限的可分性——相反，哲学家们提出的一些论证却倾向于表明，不可能有无限的事物集合，因此空间中点的数目，或者时间中瞬间的数目，必定是有限的。这样一来，空间和时间明显的本性与假定的无限集合的不可能性之间便产生了矛盾。

最先强调这一矛盾的康德推论出空间和时间的不可

能性，他认为空间和时间是纯粹主观的；自他那个时代以来，许多哲学家都相信空间和时间仅仅是现象，而不是真实世界的典型特征。然而现在，由于康托尔 (Georg Cantor) 等数学家的努力，无限集合的不可能性似乎是一个错误。它们实际上并不是自相矛盾的，而只是某些相当顽固的心灵偏见所导致的矛盾。因此，认为空间和时间是不实在的理由已经失效，而形而上学结构的一个重要来源已经枯竭。

然而数学家们并不满足于表明通常认为的空间是可能的；他们还表明，就逻辑所能表明的而言，其他许多形式的空间也是同样可能的。欧几里得的一些公理在常识看来是必然的，以前也被哲学家认为是必然的，但我们现在知道，它们之所以显得必然，仅仅是因为我们熟悉实际的空间，而不是因为有任何先验的逻辑基础。通过想象这些公理在其中为假的世界，数学家们用逻辑来动摇常识的偏见，并且表明有可能存在着一些空间，它们与我们生活于其中的空间有或多或少的不同。就我们所能测量的距离而言，其中一些空间与欧几里得空间相差甚小，以至于不可能通过观察来发现我们实际的空间是严格的欧几里得空间还是其他某种空间。因此，情况完全颠倒过来了：以前，经验似乎只给逻辑留下了一种空间，而逻辑表明这种空间是不可能的；而现在，逻辑独立于经验表明，有可能存在多种空间，而经验只是其中的部分决定因素。因此，虽然我们关于"存在什么"的知识比以前认为的要少，但我们关于"可能存在什么"的知识却大大增加了。我们不再囿于每一个角落都能被勘察的窄墙之内，而是置身于一个充满自由可能性的开放世界之中，那里有许多未知的东西，因为有太多东西需要我们去认识。

在空间和时间上出现的情况，在某种程度上也出现在其他方面。试图通过先验原则来规定宇宙的努力已经失败了；逻辑不再像以前那样是可能性的障碍，而是已经成为想象力的伟大解放者。它给出了对于未经反思的常识保持封闭的无数可能选项，而它留给经验的任务是，如果可能，需要在逻辑提供的许多世界之间做出选择。因此，关于存在之物的知识局限于我们能从经验中学到的东西，而不是我们能够实际经验的东西，因为正如我们所看到的，存在着许多与我们没有直接经验的事物有关的描述的知识。但是在关于描述的知识的所有情况下，我们都需要共相之间的某种联系，使我们能够从如此这般的材料推论出我们的材料所蕴含的某种对象。例如，就物理对象而言，感觉材料是物理对象的标志这一原则本身就是共相之间的一种联系；只有凭借这一原则，经验才能使我们获得关于物理对象的知识。同样的道理也适用于因果律，或者下降到一般性较低的东西上，适用于像万有引力定律这样的原则。

像万有引力定律这样的原则是通过把经验与某种完全先验的原则（如归纳原则）结合起来而得到证明的，或者更确切地说，因为这种结合而变得非常可能。因此，作为我们所有其他真理知识的来源的直观知识有两类：纯经验知识和纯先验知识。纯经验知识向我们讲述我们所亲知的特殊事物的存在和一些属性，而纯先验知识则提供了共相之间的联系，使我们能够从经验知识所提供的特殊事实中做出推论。我们的派生知识总是依赖于一些纯先验知识，通常也依赖于一些纯经验知识。

如果以上所说是正确的，那么哲学知识与科学知识将没有本质的区别；没有任何特殊的智慧之源是对哲学开放而对科学不开放的，哲学得到的结果与科学得到的结果并无根本上的不同。哲学的本质特征是批判，这使它成为一门区别于科学的研究。哲学批判性地考察在科学和日常生活中运用的原则，它试图找出这些原则中可能存在的任何不一致之处，而且只有在经过批判性的研究而没有理由拒绝这些原则的情况下，它才接受这些原则。如果像许多哲学家所认为的那样，科学的基本原则能在摆脱无关细节的情况下，向我们提供有关整个宇宙的知识，那么这样的知识将和科学知识一样有权让我们相信它；但我们的研究并没有揭示出任何这样的知识，因此对于更为大胆的形而上学家的特殊学说，它所得出的结论主要是否定性的。但对于通常被认为是知识的东西，我们的结论主要是肯定性的：我们几乎找不到理由拒绝像我们的批判结论这样的知识，我们也找不到理由认为人类无法拥有其一般被认为拥有的那种知识。

但是当我们把哲学称为一种知识批判时，有必要加以一定的限制。如果我们采取完全怀疑论者的态度，把自己完全置于一切知识之外，并要求必须从这一外在立场回到知识的范围内，我们就是在要求不可能的东西，而且我们的怀疑论永远无法被驳倒。因为一切反驳都必须从争论者所共有的某种知识开始，任何争论都不能始于一种空泛的怀疑。因此，要想得出某种结论，哲学所运用的知识批判就绝不能是这种破坏性的批判。对于这种绝对的怀疑论，我们提不出任何逻辑论证来反对。但不难看出，这种怀疑论是不合理的。开创了现代哲学的笛卡尔的"方法论怀疑"并不是这种类型的怀疑，而是我们认定为哲学本质的那种批判。他的"方法论怀疑"在于怀疑任何看起来可疑的东西，对于任何看似明显的知识，都要停下来问问自己，经过反思，能否确定自己确实知道它。这就是构成哲学的那种批判。有些知识，比如关于我们的感觉材料存在的知识，无论我们如何冷静而彻底地反思它，似乎都是不容置疑的。对于这样的知识，哲学批判并不要求我们放弃信念。但也有一些信念，比如认为物理对象与我们的感觉材料完全相似，在我们开始反思之前一直被我们所接受，然而认真研究之后，我们发现这些信念消失了。除非找到新的论据来支持这些信念，否则哲学将要求我们拒绝它们。但有些信念，无论我们如何认真地考察，似乎都不会遭到任何反驳。拒绝这样的信念是不合理的，也不是哲学所提倡的。

总而言之，哲学批判并不在于毫无理由地决定拒绝某种东西，而在于按照实际情况来考虑任何表面上的知识。当这种考虑完成时，它将保留一切看起来仍然像是知识的东西。我们必须承认仍有出错的风险，因为人难免会出错。哲学可以正当地宣称，它降低了出错的风险，而且在某些情况下，它使这种风险小到几乎可以忽略不计。在一个错误必定会发生的世界里，最多也只能做到这样了，任何审慎的哲学倡导者都不会声称自己做的比这更多。

第十五章

哲学的价值

　　我们对哲学问题的简短而不完全的考察即将结束。在结语部分，我们不妨考虑一下什么是哲学的价值，以及为什么应当研究哲学。在科学或实际事务的影响下，许多人往往都会怀疑，相比于那些无害但却无用的琐碎区分，以及关于不可能有知识的争论，哲学能够好到哪里去。考虑到这一事实，这个问题就更有必要思考了。

　　对哲学的这种看法似乎部分源于对人生目的的错误认识，部分源于对哲学所要努力达到的善的错误认识。通过各种发明，物理科学对于无数对它一无所知的人是有用的。因此，自然科学研究之所以受人欢迎，不仅是因为（或者说首先是因为）它对研究者的影响，更是因

174

为它对整个人类的影响。由此看来，功用并不属于哲学。如果说除了对学哲学的人有价值，哲学研究对其他人也有什么价值的话，那么这种价值只可能是间接的，即通过影响哲学研究者的生活发挥作用。因此，哲学的价值首先要到这些影响中去寻找，如果存在这样的地方的话。

但进一步说，要想成功地确定哲学的价值，就必须首先使我们的心灵摆脱那些被错误地称为"实用者"的人的偏见。在常见用法中，"实用者"是指一个只认识到物质需求的人，他意识到人必须为身体提供食粮，但却忘记了必须为心灵提供食粮。即使所有人都富裕起来，即使贫穷和疾病已经减少到最低的可能程度，要想建立一个有价值的社会，也仍然有许多事情要做；即使在现存的世界里，心灵的益处也至少和身体的益处一样重要。哲学的价值只在心灵的益处中才能找到，只有不漠视这些益处的人才会相信，研究哲学并非浪费时间。

和所有其他研究一样，哲学主要以知识为目标。它所追求的知识使整个科学具有统一性和系统性，并且来自对我们的信仰、偏见和信念之根据所做的批判性考察。但并不能说，哲学在试图为它的问题提供明确的答案方面已经取得了很大成功。如果你问数学家、矿物学家、历史学家或任何其他有学问的人，他的科学已经查明了哪些确定的真理，那么只要你愿意听，他就会一直讲下去。但如果你问一位哲学家同样的问题，而且他是坦率的，那么他将不得不承认，他的研究并没有取得其他科学所取得的那些确定的结论。诚然，这在部分程度上是由于，关于任何学科的明确知识一经成为可能，这门学科就不再被称为哲学，而是成为一门独立的科学。现在属于天文学的整个天界研究曾经包含在哲学里，牛顿的伟大著作就被称为《自然哲学的数学原理》。同样，对人类心灵的研究曾经是哲学的一部分，而现在它已经从哲学中分离出来，成为心理学科学。因此，在很大程度上，哲学的不确定性与其说是真实的，不如说是表面的：那些已经能够做出明确回答的问题被归入了科学，只有目前还不能做出明确回答的那些问题，才留下来构成了所谓的哲学。

然而这只是关于哲学的不确定性的一部分真相。在我们看来，除非人类理智的能力与现在大不相同，否则有许多问题——其中一些问题对我们的精神生活有着极为深刻的意义——将是人类的理智所无法解决的。宇宙是有着某种统一的计划或目的，抑或只是原子的偶然聚合？意识是宇宙的一个永恒部分，给智慧的无定限增长带来了希望，抑或只是一颗小行星上的一个短暂的偶然事件，在这里生命终将变得不可能吗？善与恶对宇宙重要吗？抑或只对人类才重要？这些问题是哲学提出来的，不同的哲学家给出了不同的回答。但无论答案是否可以通过其他方式被发现，哲学所给出的答案似乎没有一个能被证明为真。不过，无论发现答案的希望有多么渺茫，哲学的部分任务都是继续思考这些问题，使我们意识到它们的重要性，考察解决它们的所有方法，并使我们保持对宇宙的一种思辨兴趣，这种兴趣很容易因为把我们限制于可以明确确定的知识而遭到扼杀。

诚然，许多哲学家都认为，哲学能够为这些基本问题确立某些答案的正确性。他们料想，宗教信念中最重要的东西可以通过严格的论证来证明是正确的。为了对这些尝试做出判断，有必要对人类的知识进行考察，并且对其方法和局限形成一种看法。对于这样一个主题，独断地发表意见是不明智的，但如果我们前面几章的研究没有把我们引入歧途，我们将不得不放弃那种为宗教信念寻找哲学证据的希望。因此，我们不能把对这些问题的任何明确回答当作哲学价值的一部分。这也再次表明，哲学的价值绝不能依赖于哲学研究者所要获得的据信可以明确确定的任何知识。

事实上，哲学的价值很大程度上就在于它的不确定性。未受哲学熏陶的人，一生都被禁锢在种种偏见中，这些偏见来自常识，来自他那个时代或民族的习惯性信念，来自未经审慎理性的合作或同意而在其心灵中形成的信念。对这样的人来说，世界往往变得明确、有限、显而易见；寻常的事物不会引出问题，陌生的可能性会被轻蔑地拒绝。然而一旦开始做哲学思考，我们就会发现，正如我们在开头几章所看到的，即使是最寻常的事物也会引出一些问题，而对于这些问题只可能给出非常不完整的回答。哲学虽然不能确切地告诉我们它所引出的种种问题的正确答案是什么，但却能给出许多可能性，这些可能性扩展了我们的思想，使我们摆脱了习俗的暴政。因此，虽然对于事物是什么，哲学减弱了我们

178

的确定感，但对于事物可能是什么，它却极大地增加了我们的认识；哲学消除了那些从未步入自由怀疑领域的人的不无傲慢的独断，并且通过以陌生的方式展示熟悉的事物来保持我们的好奇感。

　　除了能够显示意料之外的可能性，哲学还有一种价值——也许是它的主要价值——那就是它所沉思的对象的伟大性，以及这种沉思使人摆脱了狭隘的个人目标。受制于本能的人的生活被围于其私利的范围之内：家人和朋友也许被包含其中，但外部世界未受关注，除非它可能有助于或妨碍本能愿望的实现。这样的生活中存在着某种狂热和被限定的东西，与之相比，哲学的生活是平静自由的。私人的本能利益的世界非常狭隘，它置身于一个伟大和强大的世界之中，这个世界迟早会把我们的私人世界变成废墟。除非我们能把自己的利益扩大到包含整个外部世界，否则我们就会像一支被困于堡垒之中的守备部队，知道敌人阻断了去路，投降最终是不可避免的。在这样的生活中，没有安宁，只有欲望的坚持与意志的无力之间的不断冲突。无论如何，要使生活变得伟大和自由，我们就必须逃脱这个牢狱和这场冲突。

逃脱的方法之一是进行哲学沉思。最广泛意义上的哲学沉思并没有把宇宙分成两个敌对阵营——朋友和敌人，有益的和有害的，好的和坏的——而是不偏不倚地将其视为整体。纯粹的哲学沉思并不旨在证明宇宙的其余部分与人类似。一切知识获得都是自我的扩展，但在不直接寻求的时候，这种扩展会得到最好的实现。当只有求知欲在起作用时，通过一种研究，这种研究并不预先希望它的对象具有这样或那样的特性，而是让自己适应其对象中的特性，我们就能实现这种扩展。如果我们力图表明这个世界与这个自我是如此相似，以至于不必承认任何看起来陌生的事物就能认识这个世界，那么自我的这种扩展就无法实现。证明这一点的愿望是自恃（self-assertion）的一种形式，和所有自恃一样，它是自我成长的一个障碍；自我渴望这种自我成长，也知道它能够成长。和在别的地方一样，在哲学思辨中，自恃把世界看成实现其自身目的的一种手段。因此，它使世界不如自我重要，自我为世间事物的伟大设置了限制。相反，在哲学沉思中，我们从非我出发，经由非我的伟大，扩展了自我的界限；经由宇宙的无限，沉思它的心灵实现了对无限的某种分有。

因此，灵魂的伟大不是由那些把宇宙比作人类的哲学培养出来的。知识是自我与非我的一种结合形式，和所有结合一样，它被统治性的力量所损害，因此也被任何迫使宇宙与我们自身之中的东西相一致的企图所损害。一种普遍的哲学倾向认为，人是万物的尺度，真理是人造的，时间和空间以及共相世界都是心灵的属性，倘若存在某种不是由心灵创造的东西，那么对我们来说，它既是不可知的，也是不重要的。如果我们以前的讨论是正确的，那么这种观点就是不真实的，但除了是不真实的以外，它还会剥夺哲学沉思中一切赋予它价值的东西，因为它使沉思局限于自我。它所谓的知识并不是与非我的一种结合，而是一组偏见、习惯和欲望，在我们与外部世界之间蒙上了一层无法穿透的面纱。从这种知识理论中找到乐趣的人，就像生怕自己的话不合法而从不迈出家门的人。

与此相反，真正的哲学沉思则在非我的每一次扩展中，在放大所沉思对象从而放大沉思主体的一切事物中得到满足。在沉思中，任何个人的或私人的东西，任何依赖于习惯、私利或欲望的东西，都会歪曲对象，从而损害理智所追求的那种结合。通过这样在主体与对象之间制造障碍，这些个人的和私人的东西就成了理智的牢笼。自由的理智会像上帝那样看待事物，没有此时和此地，没有希望和恐惧，没有惯常信念和传统偏见的束缚，在纯粹的求知欲中冷静客观地看待事物——这种知识是不牵涉个人感情的、纯粹沉思的、人可能获得的。因此，感官带来的知识必定依赖于一种完全个人的观点，以及感觉器官既有所揭示又有所扭曲的一个身体，而自由理智则会更看重私人历史的偶然事件不介入其中的抽象的普遍知识。

习惯于自由而不偏不倚的哲学沉思的心灵，将在行动和情感的世界中保持同样的自由和不偏不倚。它将把自己的目的和欲望看成整体的一部分，并且因为把它们看成一个所有其余事物都不受任何人的行为影响的世界中的无穷小碎片，而不再固执己见。不偏不倚是心灵的一种品质，这种品质在沉思中是对真理的纯粹渴望，在行动中是正义，在情感中则是可以给予所有人而不只是给予那些被认为有用或值得赞美的人的普遍的爱。因

182

此，沉思不仅扩展了我们思想的对象，而且也扩展了我们行动和情感的对象：它使我们成为宇宙公民，而不只是一个与其他一切处于交战状态的设置壁垒的城市中的公民。人的真正自由就在于这种宇宙公民身份，以及从狭隘的希望和恐惧的束缚中解放出来。

因此，可以这样来总结我们对哲学价值的讨论：我们研究哲学，不是为了对哲学问题给出任何明确的答案，因为一般说来无法知道它们是否为真，而是为了这些问题本身，因为这些问题扩展了我们对可能之物的认识，丰富了我们的理智想象力，并且减少了那种独断的自信，使心灵得以向思考开放；但最重要的是因为，通过哲学所沉思的宇宙的伟大，心灵也会变得伟大，并能与宇宙相结合，这种结合构成了最高的善。

- 全书完 -

附录

德语译本前言

　　本书写于 1911 年，但自那以后，我对这里讨论的一些主题的看法有了重大发展。之所以有这种发展，几乎完全是因为我运用了我和我的朋友怀特海在《数学原理》中使用的一个原则。在那部著作中，我们为这样一种观点提出了根据，即像类和数这样的对象仅仅是逻辑构造。也就是说，这些对象的符号并无自己的指称，而只有自己的使用规则。我们可以确定出现这些符号的陈述的含义，但这种含义并不包含与这些符号相对应的任何成分。这样一来，我们就不得不以新的方式来使用所谓的"奥卡姆剃刀原则"。这一原则说："若非必需，勿增实体。"怀特海使我相信，物质概念就是这种多余的逻辑虚构，也就是说，可以把物质看成一个由时空连续体的各个部分中相互联系的事件所构成的系统。实现这一点的方法多种多样，但迄今为止很难从中做出选择。怀特海在其《自然知识原理》（*Principles of Natural Knowledge*）和《自然的概念》（*Concept of Nature*）这两本书中遵循了一种方法，而我在《我们关于外间世界的知识》（*Our Knowledge of the External World*）一书中则遵循了另一种方法。根据这些描述，第一章和第二章中关于物质的论述需要加以改变，尽管还没有达到可以发表的程度。

同样的方法和原则使我做出了进一步的改变。在《哲学问题》中讨论知识时，我假定了主体的存在，并把亲知当成了主体与对象之间的一种关系。现在，我认为主体也是一种逻辑构造。结果是，我们必须放弃感觉与感觉材料的区分。在这个问题上，我现在同意威廉·詹姆士和美国实用主义学派的观点。我的知识理论由此需要做出的改变可见于我的《心的分析》（*Analysis of Mind*）。

撰写《哲学问题》的时候，人们还不知道广义相对论，我也没有充分意识到狭义相对论的重要性。如果当时考虑到相对论，我应当会选择某些不同的表达方式。

但本书所讨论的问题在很大程度上完全独立于这一理论，总体上也不受其决定性的影响。

如果我现在来写这本书，我将不会那么倾向于将某些伦理陈述视为先验的。倘若我能够利用后来问世的凯恩斯（J.M.Keynes）先生的《概率论》（*Treatise on Probability*），我会就归纳做更多的论述。

在我看来，似乎不可能把这些变化写进文本，因为上述观点完全依赖于逻辑演算，而且很难表述得让大家都能理解。此外，与单独对它们进行解释相比，它们更容易被理解为这里提出的理论上的变化。因此，我认为最好还是让本书保持我 1911 年写它时的样子，但附上关于暗示其不足之处的进一步研究的这些介绍性说明。

罗素

1924 年 11 月

译者推荐阅读

柏拉图:《理想国》(PLATO: *Republic*)

笛卡尔:《第一哲学沉思集》
(DESCARTES: *Meditations on first Philosophy*)

斯宾诺莎:《伦理学》(SPINOZA: *Ethics*)

莱布尼茨:《单子论》(LEIBNIZ: *The Monadology*)

贝克莱:《海拉斯和菲罗诺斯关于反对怀疑论者和无神论者的对话
三篇》(BERKELEY: *Three Dialogues between Hylas and Philonous,
in Opposition to Sceptics and Atheists*)

休谟:《人类理解研究》(HUME: *Enquiry concerning Human
Understanding*)

康德:《未来形而上学导论》(KANT: *Prolegomena to any Future
Metaphysic*)

黑格尔:《逻辑学》(HEGEL : *Logic*)

牛顿:《自然哲学的数学原理》(NEWTON : *Mathematical
Principles of Nature Philosophy*)

罗素 :《心的分析》(RUSSELL : *Analysis of Mind*)

译名对照表

absolute idea，绝对观念
acquaintance，亲知
act，活动
analytic，分析的
appearance，现象、显现
a priori，先验的
arithmetic，算术
association，联系、联想

being，存在
belief，信念
Berkeley, George (Bishop)，乔治·贝克莱（主教）
Bismarck, Prince Otto von，奥托·冯·俾斯麦亲王
Bradley, Francis Herbert，弗兰西斯·赫伯特·布拉德雷
Cantor, Georg，乔治·康托尔
causality，因果性
China，中国
classes，类
cogito, ergo sum，我思故我在
coherence，融贯性
colours，颜色
concept，概念
constituents，成分

constructions，构造

contradiction，矛盾

correspondence of belief and fact，信念与事实的符合

correspondence of sense-data and physical objects，感觉材料与物理对
  象的符合

criterion，标准

critical philosophy，批判的哲学

deduction，演绎

Descartes，René，勒内·笛卡尔

description，描述、摹状词

divisibility，可分性

doubt，怀疑

dreams，梦

duration，绵延

empiricists，经验论者

error，错误

excluded middle，排中

existence，存在

experience，经验

facts，事实

falsehood，假

fiction，虚构

generalization，概括

geometry，几何学

hallucinations，幻觉

Hegel，Georg Wilhelm Friedrich，格奥尔格·威廉·弗里德里希·黑格尔

Hume，David，大卫·休谟

idealism，观念论

idealists，观念论者

ideas，观念、理念

identity，同一性

induction，归纳

inference，推理

infinity，无限

innate ideas and principles，天赋观念和原则

introspection，内省

Kant，Immanuel，伊曼努尔·康德

knowledge，知识

laws，法则

Leibniz，Gottfried Wilhelm，戈特弗里德·威廉·莱布尼茨

light，光

Locke，John，约翰·洛克

logic，逻辑

mathematics，数学

matter，物质

memory，记忆

mind，心灵

monad，单子

monadism，单子论

monism，一元论

motion，运动

nature of a thing，一个事物的本性
necessity，必然性
numbers，数

object of apprehension，领会的对象
Occam's Razor，奥卡姆剃刀

particular，殊相
perception，知觉
phenomenon，现象
philosophy，哲学
physical objects，物理对象
Plato，柏拉图
principles，原则
probability，可能性
proper names，专名
propositions，命题

qualities，性质

rationalists，唯理论者
reality，实在
relations，关系
relativity theory，相对论
resemblance，相似性

self，自我
self-consciousness，自我意识
self-evidence，自明性

sensation，感觉

sense-data，感觉材料

shapes，形状

solipsism，唯我论

space，空间

Spinoza, Baruch，巴鲁赫·斯宾诺莎

subject，主体、主词

thing in itself，物自体

thought, laws of，思维律

Three Dialogues between Hylas and Philonous, in Opposition to Sceptics and Atheists，《海拉斯和菲罗诺斯关于反对怀疑论者和无神论者的对话三篇》

time，时间

touch，触觉

truth，真理、真

uniformity of nature，自然的齐一性

universals，共相

verbs，动词

哲学问题

作者 _ [英]伯特兰·罗素   译者 _ 张卜天

产品经理 _ 晓莉   装帧设计 _ 林林   产品总监 _ 曹曼

技术编辑 _ 陈杰   责任印制 _ 梁拥军   出品人 _ 于桐

营销团队 _ 阮班欢 李佳   物料设计 _ 林林

果麦
www.guomai.cc

以 微 小 的 力 量 推 动 文 明

图书在版编目（CIP）数据

　　哲学问题 /（英）伯特兰·罗素著；张卜天译. --
天津：天津人民出版社，2021.1（2023.3重印）
　　ISBN 978-7-201-16917-0

　　Ⅰ. ①哲… Ⅱ. ①伯… ②张… Ⅲ. ①哲学理论-英
国-现代 Ⅳ. ①B561.54

　　中国版本图书馆CIP数据核字（2020）第246917号

哲学问题
ZHEXUE WENTI

出　　版	天津人民出版社	
出 版 人	刘　庆	
地　　址	天津市和平区西康路 35 号康岳大厦	
邮政编码	300051	
邮购电话	022-23332469	
电子信箱	reader@tjrmcbs.com	

责任编辑	王佳欢
特约编辑	康嘉瑄
产品经理	晓　莉
装帧设计	林　林

制版印刷	河北鹏润印刷有限公司
经　　销	新华书店
开　　本	787 毫米 × 1092 毫米　1/32
印　　张	6.25
印　　数	43,601-48,600
字　　数	95 千字
版次印次	2021 年 1 月第 1 版　2023 年 3 月第 9 次印刷
定　　价	45.00 元